레푸기움을
찾아서

_____ 에게

_____ 드림

레푸기움을 찾아서

옥광석

힘겹게 사는 이들에게 참 평안과 위로를 주는 '레푸기움'을 찾아서

라틴어에서 〈레푸기움〉은 '피난처, 휴식처'의 의미다. 젊은 시절 레푸기움을 찾지 못하여 방황한 적이 있다. 그러던 어느 날 십자가와 성경이 레푸기움으로 다가왔다. 십자가와 성경의 조명 아래서 중심을 잡고 안식과 위로와 평안을 누린다.

도서출판 **첨탑**

추천의 글

●●●

　옥 목사님의 글을 대할 때마다 느끼는 감정은 일상 속에 소소한 기쁨을 느끼게 하는 글이라는 것입니다. 마치 여행자의 삶에 지금 어디에 서 있고, 어디를 향해 가며, 어떻게 사는 것이 바른가를 들여다보게 하는 주옥 같은 글들이 다수를 이루고 있습니다. 세상을 바라보는 시각이 사람마다 많이 다르게 보이겠지만, 옥 목사님의 글은 우리에게 참다운 크리스천이 바라보아야 할 시각을 보여 주는 것 같아 매우 기쁘게 읽게 됩니다.

최범규 목사 평양제일노회 노회장, 성덕교회 담임

●●●

　설교자로서 성경을 관찰하고, 해석하는 일은 좋은 주석을 참고하면 어느 정도 해결할 수 있지만, 설교의 궁극적인 목적인 삶의 적용은 간단하지 않아서 늘 힘든 과정임이 틀림없습니다. 설교자로서 삶의 현장에서 느끼고, 깨닫고, 체험한 것이 없으면 진실성과 실제성을 담을 수가 없기 때문입니다. 그런 면에서 옥 목사님이 책을 통해, 대화를 통해, 묵상을 통해 체득한 것들을 글로 정리한 것은 적용 설교의 화룡점정을 찍는 것이어서 너무 훌륭한 설교자임이 틀림없습니다.

마상구 목사 교하사랑의교회 담임

● ● ●

옥 목사님은 기도와 찬양과 글쓰기를 즐깁니다. 새벽마다 기도하며 쓰는 글은 우물에서 바로 퍼온 물과 같이 영혼에 시원함을 줍니다. 새벽마다 퍼온 생수를 모아서 만들어진 《레푸기움을 찾아서》는 생활 속에서 겪는 일들을 신앙적 관점에서 풀어낸 지혜의 책입니다. 이 책의 글들은 목회자와 모든 이들에게 쉼과 안식 그리고 삶의 지혜를 줄 것입니다. 마음이 지치고 힘들 때 이 책을 곁에 놓고 읽으면 너무 좋습니다.

이승현 목사 강서사랑의교회 담임

● ● ●

옥 목사님의 글에는 사람 냄새가 풍깁니다. 그래서 읽는 이들로 하여금 '맞아, 나도 그렇지!'라는 따뜻한 공감을 느끼게 합니다. 또한 여유가 묻어납니다. 그래서 인생의 폭풍우를 지나는 이들에게 '괜찮아, 곧 지나갈 거야!'라는 담대함을 갖게 합니다. 그래서 망망대해를 지나는 인생들에게 '그래, 무슨 뜻이 있을 거야'라는 위로를 안겨 줍니다. 그렇게 인생의 시련과 고통을 통과한 자만이 가지는 무게감을 마주하게 합니다.

정광호 목사 그레이스처치(GCC) 담임

● ● ●

사람의 인생은 어떤 면에서 보면 씨앗을 뿌리는 것과 같습니다. 오늘날 한국 사회가 이렇게 잘 사는 것은 믿음의 선배들이 눈물로 기도의 씨앗을 심었기 때문입니다. 옥 목사님은 만나면 왠지 편하고 유쾌하고 즐겁습니다. 그런 면에서 참 좋은 씨앗을 뿌리는 목회자입니다. 글 하나하나가 언제나 진실과 감동과 해학이 녹아 있는 씨앗입니다. 읽다 보면 좋은 열매가 맺힐 겁니다.

마영주 목사 기쁨의교회 담임

● ● ●

　이 책은 하나님의 손으로 쓰신 것과 같은 성경을 마음에 담은 자의 시선으로 인간사나 사물을 보고 나온 신앙고백서입니다. 글은 사람의 말을 정제된 형식으로 표현한 것입니다. 궁극적으로 하나님의 은혜를 높이고 예수님 안에서 받은 구원의 영원한 복으로 결론을 내리시는 목사님의 글들입니다. 이 글들이 많은 독자의 마음에 울림을 주리라 믿습니다.

서문강 목사 중심교회 원로, 로이드 존스 〈로마서 강해〉 번역자

● ● ●

　옥 목사님이 목회 현장에서 겪은 수많은 고난과 경험들은 매우 특별합니다. 특히 목회 가운데 겪었던 고난을 어떻게 이겨냈는지 생생하게 지켜보았습니다. 하나님께서 옥 목사님의 목회 인생 가운데 어떻게 개입하셨고 자신을 어떤 모습으로 나타내셨는지를 잘 알고 있습니다. 이 책을 읽는 많은 목회자에게 큰 위로가 될 것을 확신합니다.

이성회 목사 주님의교회 담임

● ● ●

　이 책은 하나님께서 말씀하신 삶의 깊은 원리를 담은 것은 물론이요, 오랜 시간 연구한 우리 삶의 실용적인 통찰을 담고 있습니다. 그래서 모든 사람의 삶을 더 행복하게 만들 책이라는 확신이 들었습니다. 진정으로 내 삶을 바꾸고 싶은 사람, 변화를 경험하고 싶은 사람, 인생을 어떻게 살아야 할지 몰라 잠시 멈추고 있는 사람이라면 꼭 이 책을 읽고 은혜를 통한 변화를 경험하길 추천합니다.

조운 목사 울산대영교회 담임

● ● ●

    옥 목사님이 〈합동헤럴드〉에 칼럼을 쓴지 만 3년이 다 되어갑니다. 그동안 한 번도 칼럼을 쉰 적이 없을 정도로 성실히 글과 좋은 사진을 보내왔습니다. 옥 목사님의 글의 저변에 흐르는 주제는 '감사'라고 생각합니다. 미국 이민 목회의 부침을 겪으면서, 참된 감사의 조건은 '은총의 일상'이라는 것을 절감한 것 같습니다. 대학에서 3년 선후배 사이로 만나 지금껏 정기적으로 같이 밥 먹고 차 마시며 살아가는 얘기를 나누고 있습니다. 의미 있는 글처럼 더욱 의미가 가중되는 삶을 살기를 바랍니다. 옥 목사님의 글에는 진실함이 느껴집니다.

구인본 목사 합동헤럴드 대표, 발행인

프롤로그

레푸기움은 피난처, 휴식처의 의미다
이 책이 작은 안식처가 되었으면

라틴어에서 〈레푸기움〉은 '피난처, 휴식처'라는 의미다. 원래 레푸기움은 빙하기 등 여러 생물 종이 멸종하는 환경에서 동식물이 살아남은 장소를 말한다. 빙하기 때 살아남은 생물처럼 자신의 존재를 잃지 않고 살아나는 장소가 레푸기움이라는 것이다. 무엇보다 가정이 레푸기움이 되어야 한다. 평안한 안식처 말이다. sweet home 말이다. 그런데 그게 쉽지 않다. 워낙 무너진 곳이 많아서다. 가정이라는 레푸기움이 전쟁터가 되어버린 지 오래다. 깨어지고 해체되는 가정이 늘어만 간다. 교회가 그 빈 자리를 대체할 수 있을까?

젊은 시절 레푸기움을 찾지 못하여 방황한 적이 있다. 그러던 어느 날 십자가와 성경이 레푸기움으로 다가왔다. 1980년대 혼란한 시국과 중심 잡지 못한 교회들로 인하여 방황하였다. 혼란스러웠다. 중심을 잡지 못했다. 끊임없는 학내 소요와 사태. 그렇게 혼란과 방황으로 흔들렸던 20대 청춘은 존재의 근거를 잃고 방황하였다. 하지만 십자가와 성경의 조명 아래서 중심을 잡고 안식과 평안을 누린다. 성경책 앞에만 서면 마음이 평안해진다.

　기도하고 성경 읽는 시간이 그렇게 좋다. 내면의 실상을 발견하고 중심을 잡는다. 그렇게 30대를 지냈다. 40대가 접어들면 흔들리지 않을 것이라 여겼다. 하지만 뜻하지 않게 시작된 믿음의 모험. 성경 말씀 붙잡고 바다로 뛰어들었다. 무슨 용기로 그랬는지. 죽다 살아났다. 그러다가 미국 어느 도시에 안착한다. 이곳이 레푸기움이 되었다. 기도하고 성경을 읽고 글을 쓰면서 무너진 나를 세우며 재기의 꿈을 꾼다. 매일 다녔던 동네 수영장도, 매일 새벽 제단을 쌓은 예배실도 레푸기움이 되었다.

　세월이 흘렀다. 코로나가 극성을 부리며 몇 해가 지났다. 제기동 서재는 또 다른 나의 레푸기움. 이곳에서 글을 썼다. 설교원고도 썼다. 매주 한 번 칼럼도 썼다. 그 칼럼이 또 책으로 만들어졌다. 몇 편의 설교원고 전문도 삽입하였다. 독자에게 작은 안식처가 되었으면 하는 바람뿐이다.

2024년 6월 15일
제기동 서재에서
옥 광 석

차례

추천의 글   004
프롤로그   008

Part 1 고난의 신비

01 운을 읽는 변호사 _ 다툼을 잘 피하고 있는가?   016
02 유언장 _ 어떤 유언장을 써 놓고 사는가?   020
03 예수 바보 _ 왜 웃지 못할까?   023
04 웃으며 살자 _ 왜 웃으며 살아야 하는가?   027
05 웃음이 보약 _ 웃으면 어떤 일이 일어날까?   030
06 949일의 감사 _ 고난을 통과해 본 적이 있는가?   034
07 고난의 신비 _ 고난에 유익이 있을까?   038
08 고난의 유익 _ 고난을 통과하니 어떠하였는가?   042
09 짬뽕 한 그릇 _ 힘들고 지쳤는가?   047
10 욥이 당한 고난 _ 설교 전문   051

Part 2 광야를 지나며

11 모든 리더를 존경한다 _ 정말 지도자가 되려 하는가?   060

12	TIME 타임 _ 제정신으로 살 수 있을까?	064
13	일용할 양식을 주시옵고 _ 진짜 휴가가 무엇일까?	068
14	치매 예방 _ 치매를 극복할 수 있을까?	071
15	광야를 지나며 _ 숨기고 싶은 광야의 여정이 있는가?	075
16	사택이 가관이었다 _ 어떻게 광야를 통과하려는가?	079
17	나 역시 그랬다 _ 역전이 정말 가능할까?	083
18	하나님의 부르심 _ 큰 후회 가운데 있는가?	087
19	가치관의 액상화 _ 많이 흔들리고 있는가?	091
20	고마움을 몰라 _ 설교 전문	095

Part 3 셀라하마느곳의 은총

21	1947 보스톤 _ 가난한 시절을 잊었는가?	106
22	출세한 돌과 산초 _ 감사할 근본 이유가 있는가?	109
23	본이 되는 삶 _ 존경받고 있는가?	113
24	내 인생의 히딩크 _ 그리운 사람이 있는가?	117
25	물 위를 걷고 싶은가? _ 두 가지만 따르면 가능하다	120
26	독서의 기쁨 _ 어디에서 기쁨을 얻는가?	123
27	그대는 매일 듣는가? _ 최고의 베스트셀러에 귀를 기울이자	126
28	원씽 THE ONE THING _ 진짜 하고 싶은 일이 무엇인가?	130
29	호랑이와 당나귀 _ 어리석은 자와 꼭 다투어야 할까?	133
30	셀라하마느곳의 은총 _ 설교 전문	137

Part 4 같이 놀아라

31 같이 놀아라 _ 혼자 지내는 편인가?　　　　　　　　148
32 지혜·유머·folly _ 배에 구멍 내는가?　　　　　　　152
33 지도자(Leader)는 독서가(Reader) _ 독서를 잘하는 편인가?　156
34 직선과 곡선 _ 성품이 어떠한가?　　　　　　　　　159
35 안성수양관 _ 아름다운 추억이 있는가?　　　　　　163
36 4급, 5급, 6급 그리고 도적 _ 어떤 부류의 지도자인가?　167
37 레오(Leo) 같은 리더 _ 누가 진정한 지도자인가?　　171
38 리더의 옥편 _ 성공 비결이 무엇일까?　　　　　　　174
39 1942 세인트 솔저 _ 왜 교만할까?　　　　　　　　176
40 성품이여, 온전하소서 _ 설교 전문　　　　　　　　178

Part 5 사랑으로 가득한 세상

41 선교에 헌신한 사람들 _ 존경받고 싶은가?　　　　　188
42 사랑으로 가득한 세상 _ 이 사랑 가지고 사는가?　　191
43 참아 주자 _ 잘 참는 편인가?　　　　　　　　　　196
44 지혜가 최고다 _ 지혜롭게 살고 있는가?　　　　　　199
45 아내 사랑 _ 남편인 나보다 더 사랑하고 있는가?　　203
46 목계지덕 _ 흔들림 없이 잘 참고 있는가?　　　　　　206
47 이런 좋은 친구 _ 좋은 친구란 어떤 친구일까?　　　208
48 내 안의 화를 잘 다스리자 _ 화를 다스리면 좋을 점이 무엇일까?　213

49 어디 이런 스승 없나 _ 스승은 어떤 존재인가?   218
50 말이여, 온전하소서 _ 설교 전문   221

Part 6 감사하며 살자

51 감사하며 살자 _ 만병통치약을 복용하고 싶은가?   232
52 용서와 화해 _ 증오와 미움에 사로잡혀 사는가?   242
53 피곤하지 않게 사는 법 _ 마음 관리 잘하고 있는가?   245
54 누구를 찍어야 할까 _ 인성을 먼저 보라   249
55 제비뽑기 _ 꿈, 희망, 행복을 주고 있는가?   253
56 낙하산을 접어 주는 사람 _ 말없이 도와준 사람 있는가?   257
57 낙타의 후회 _ 사소한 일에 목숨을 거는 편인가?   260
58 또 보자, JFK _ 그리운 도시가 있는가?   264
59 EULOGY _ 사랑하는 자를 잃었는가?   268
60 곤경을 돌이키사 _ 설교 전문   271

에필로그   283
참고도서   286

고난의 신비

운을 읽는 변호사 다툼을 잘 피하고 있는가?
유언장 어떤 유언장을 써 놓고 사는가?
예수 바보 왜 웃지 못할까?
웃으며 살자 왜 웃으며 살아야 하는가?
웃음이 보약 웃으면 어떤 일이 일어날까?
949일의 감사 고난을 통과해 본 적이 있는가?
고난의 신비 고난에 유익이 있을까?
고난의 유익 고난을 통과하니 어떠하였는가?
짬뽕 한 그릇 힘들고 지쳤는가?
욥이 당한 고난 욥 2:7-10

01
운을 읽는 변호사

다툼을 잘 피하고 있는가?

    1만 명 의뢰인의 삶을 분석한 결과를 담은 《운을 읽는 변호사》라는 도서가 있다. 50년 변호사 생활한 일본인 저자가 1만 명의 의뢰인과 만나면서 발견한 행운의 법칙을 기록한 것이어서 흥미로웠다. 행운이 내 삶에 들어오는 좋은 방법과 그렇지 않은 방법을 잘 정리해 놓았다. 수많은 인생의 첨예한 상황을 지켜본 변호사가 전하는 스스로 자신의 운을 좋게 만드는 법이다. 그가 50년간 변호사로 일하면서 의뢰인과 관계를 맺으면서 발견한 행운이 들어오는 방법은 무엇일까? 이런 것들이다.

    온화한 얼굴은 운이 좋지만 화난 얼굴은 그렇지 않다. 다툼을 막는 것이 운을 지키는 비결이다. 부부끼리 감사해하면 그 집은 잘되기 마련이다. 은혜를 입었을 땐 다른 사람에게라도 그 은혜를 갚아라. 수백만 명의 은혜 덕분에 지금 내가 살아가고 있다. 부모님을 부양하면 좋은 운이 나를 부양한다. 내가 효도하면 나도 효도 받는 운으로 돌아온다. 천재적인 재능보다 훌륭한 성품이 더 귀하다. 인간성 좋은 사람은 처음엔 손해 보지만 나중엔 성공한다. '유능하다'라는 말보다 '믿을 수 있다'라는 말이 진짜 칭찬이다. 친절하고 정중하면 사업은 절로 번창한다. 어떤 경력보다도 인연이 더 귀한 프로필이다. 활력이 넘쳐야 운도 찾아온다. '배려'하고 '격려'하고 '칭찬'하면 운이 좋아진다. 칭찬을 잘할 줄 아는 사람은 사업에도 성공한다. 상대방의 이야기를 잘 들어만 주어도 운이 좋아진다. 불가능해 보이는 제안에도 '좋네요'라고 인정해주라. 운이 좋아진다. 남을 위한 일일수록 더 기쁜 마음으로 하라. 사회에 도움이 되는 기업은 운이 오래간다. 소송을 막는 변호사가 좋은 변호사다. 성경 전문가로 볼 때 이건 성경에서 말하는 형통의 원리와 똑같다. 흥미롭다.

이 중에 제일 맘에 와닿은 것은 '다퉈서 좋은 일은 아무것도 없다'였다. 다툼을 피하고 화해하고 화목을 추구하라는 것이다. 저자인 니시나카 쓰토무는 변호사로서 50년간 일하면서 1만 명이 넘는 사람들의 인생을 통해 절실히 깨달은 것이 바로 '다퉈서 좋은 일은 아무것도 없다'였다고 한다. 다툼은 운을 나쁘게 할 뿐이다. 예를 들어 소송에서 이겨서 큰돈을 손에 넣었다고 해도, 운이 나빠지면 아무 일도 되지 않는다고. 실제로 분쟁이 생겨 손에 넣은 돈을 곧 잃게 되는 경우를 많이 보았다고. 변호사로서 그런 몰락을 지겹도록 보았다고. 그래서 다툼이 없는 것이 가장 행운이라고 한다. 싸우지 않는 것, 곧 다툼이 없는 것, 다시 말해 화해와 화목을 최고의 가치로 실행하면 불운은 사라지고 행운이 찾아온다는 것이다.

이 얼마나 성경적인가. 성경도 다투지 말라고 한다. 화해와 화목을 최고의 가치와 덕목으로 권한다. 관계의 화목은 곧 행운과 성공을 불러온다. 이 얼마나 귀한가. 그렇게 다툼을 막는 것이 행운을 지키는 비결이다. 그러기에 무엇보다 사람들로부터 원한을 사지 말아야 한다.

변호사들도 다툼을 피하는 편이 낫다고 배운다고 한다. 사법시험에 합격한 후 사법연수원에 입소한 합격생들이 교관들로부터 분쟁처리의 우선순위는 아래와 같다고 배운다고 한다. 첫째, 대화로 해결하자. 둘째, 재판을 해도 화해로 해결하자. 즉, 가장 좋은 방법은 재판을 피하는 것이라고 배운다고 한다. 그래서 저자는 '재판은 의뢰자에게 있어서 가장 불리한 결말'이라고 말한다.

"다투는 시작은 둑에서 물이 새는 것 같은즉 싸움이 일어나기 전에 시비를 그칠 것이니라"(잠 17:14). 성경은 말한다. 시비와 다툼은 혼란과 악한 일의 출발이라고. 다툼을 멀리하는 것이 사람의 영광이라고. 미움은 다툼을 일으킨다고. 노하는 자, 패역한 자, 미련한 자, 교만한 자, 욕심 많은 자가 다툼을 일으킨다고. 제비 뽑는 것이 다툼을 그치게 한다고(잠 18:18). 그렇게 시종일관 성경은 다툼을 피하고 겸손하며 상대를 존중하라고 한다. 다툼을 피하고, 항상 화해하면서 하나님의 축복을 경험하자. 시비가 있을 땐 대화로 해결하자. 항상 화목을 추구하는 영의 사람이 되자. 하나님께서 교회에 화목하게 하는 직책을 주셨다(고후 5:18). 당신과 나는 이미 운을 읽고 그 운의 방식을 다하는 그리스도인이다. 잘 실천하면 남는 것은 잘 되는 일밖에 없다. 이 얼마나 기쁘고 좋은가.

02
유언장

어떤 유언장을 써 놓고 사는가?

《나는 죽을 때까지 재미있게 살고 싶다》를 읽었다. 멋지게 나이 들고 싶은 사람들에게 저자는 인생의 기술 53가지를 전한다. 저자는 정신과 의사요 대학교 교수였다. 50년간 환자를 돌보고 학생을 가르쳤다. 그가 진료한 환자만 해도 수없이 많았다. 20년 전 한쪽 시력을 잃고 여러 가지 병에 걸렸지만 자기 삶의 철학대로 하루하루를 재미있게 살고 있다. 그렇게 그는 죽을 때까지 재미있게 살고 싶어 한다. 수많은 환자를 대하며 그가 깨달은 것들이다.

그가 전하는 재미있게 사는 삶의 방식의 인생 기술은 이런 것들이다. 일흔 넘어 시작한 공부가 제일 재미가 있었다. 자식의 인생에 절대 간섭하지 마라. 젊은이를 가르쳐 들지 마라. 오늘을 어제의 기분으로 살지 마라. 내가 웃으면 아내가 웃고, 아내가 웃으면 나도 웃는다. 노인의 귀가 큰 까닭은 열심히 경청하라는 뜻이다. 자신에게 너

그리워져라. 부모가 자녀에게 남겨 줄 수 있는 최고의 재산은, 내 부모는 행복하고 즐거운 삶을 살았다고 하는 추억을 남겨 주는 것이다. 나이가 들수록 사소한 분노를 잘 다스려라. 잘 쉬는 연습을 게을리 하지 마라. 부모와 속히 화해하라. 가능한 환갑잔치를 해라. 날마다 일기를 써보라. 인생의 황금기는 바로 지금이다. 인생을 안다고 절대 자만하지 마라. 아내에게 가장 잘하라. 미래 유언장을 써 두면 삶이 달라진다. 건강이 허락하는 한 봉사하라. 오늘 하루를 귀하게 써라.

재미있게 살고 싶다. 웃으며 즐겁게 살고 싶다. 요즘은 재미있는 사람 만나는 것이 제일 즐겁다. 편하게 웃고 즐길 수 있는 벗들이 있다는 것이 감사다. 저자의 권유대로 유언장을 썼다. 특별한 것이 아니다. 저자처럼 죽을 때까지 재미있게 살고 싶다. 요즘은 유머를 자주 하려고 노력한다. 강단에서도 유머를 하려고 노력한다. 웃어야 행복하다. 웃어야 아내가 행복하고, 자녀들이 행복하다. 웃어야 나를 만나는 사람들이 즐겁고 행복하다. 재미있게 살려고 한다. 삶이 만만치 않더라도. 삶이 만만치 않다. 세상이 가만히 놔두지 않는다.

힘든 일이 많다. 그런데도 〈오 감사 노트〉를 쓰면서 감사한다. 성경을 읽고 묵상하면서 범사에 감사한다. 즐겁고 재미있게 산다. 바보처럼. 상대의 장점을 찾고, 재밌고 신나는 것을 찾으며 격려한다. 칭찬한다. 나도 좋고 상대방도 좋다. 작은 것에도 의미를 부여하고 웃고 즐긴다. 조그마한 유머도 크게 웃어준다. 먼저 웃고 행복하니 주변 사람들이 좋아한다. 일도 즐겁고 재미있게 한다. 일이 큰 놀이와 재미와 복이다. 칭찬을 아끼지 않는다. 삶을 즐긴다. 크고 작은 파도가 매일 밀려와도 파도만 바라보지 않는다. 지평선 넘어 붉게 떠오르는 태양을 본다. 카톡으로 친한 벗들과 자주 소통한다. 벗들이 카톡으로 전해주는 세상 소식과 유머들, 사진과 동영상들을 보며 즐긴다. 카톡 만든 사람 상 주어야 한다. 우리 집 강아지와 노는 것도 재미있다. 사람들 만나는 것도 재미있다. 숨을 쉬고 있는 것이 기적이요 신비다.

작가 이근후 교수처럼 모두에게 재미있게 살라고 말해 주고 싶다. 재미있게 살다 간 사람으로 기억되고 싶다. 그 재미를 위해서 열심히 노력할 것이다. 웃음을 꽃피우기 위해. 웃음 꽃을 피우는 사람으로 기억되기 위해. 웃지 못할 인생을 웃게 만든 분이 내가 만난 예수다. 그분을 만나서 웃음을 되찾았다. 그 웃음을 사람들에게 전하고 싶다. 재미있게 살자. 웃으며 살자. 이것이 주 안에서 항상 기뻐하라고 하신 주님의 뜻을 이루는 거듭난 삶의 방식이다. 주님 사랑이 내 안에 있으니 어떤 상황에서도 웃는다. 웃으면서 재미있게 산다. 삶은 모든 것이 재미다. 주변 사람들과 재미나게 살고 싶다.

오 재미있는 인생이여, 감사하여라. 고난과 아픔까지도 웃음과 재미로 승화하는 인생이어라. 유언장 노트에 크게 한 번 써 본다. "남은 인생 재미있게 살다 가자!"

03
예수 바보

왜 웃지 못할까?

    1970년대 일본 최고의 SF 작가였던 무라카미 다카시. 그는 소설가다. 그가 어느 날부터 유머 콩트를 연재하기 시작했다. 사람들은 그가 돈 때문에 유머 작가로 전락한 것이 아닌가 수군거렸다. 그렇지 않다. 아내 때문이었다. 그의 아내는 불치의 병 때문에 한 달밖에 살지 못한다는 시한부 판정을 받았다. 그 때문에 다카시는 아내를 웃음으로 살리기 위해 전국의 유머를 모았다. 그렇게 얻은 유머를 매일 한 편씩 아내에게 들려주었다. 그 덕분에 아내는 하루하루를 웃으며 무려 5년이나 더 살 수 있었다고 한다. 그렇게 웃음은 치유와 회복의 능력이 있다. 웃으면 복이 온다.

    그런데 호르헤는 인간의 웃음이 하나님의 신성한 진리를 조롱하고 왜곡하며, 경건함과 진지함을 무너뜨리고, 결국은 인간을 천박하게 전락시키는 마귀의 술책이라고 단정했다. 아리스토텔레스는 불후의 저서, 《시학》의 제2편을 희극에 대한 글로 썼다. 웃음은 건강의 비타민이고, 관계의 윤활유이며, 얼굴의 꽃이다. 《탈무드》에는 "미소 짓는 법을 배우지 못했다면 가게 문을 열지 마라"라는 말이 있다. 웃음이 대인관계의 문을 여는 열쇠다. 교회에서 사랑하는 사람들끼리 만나면 '웃음꽃'이 피어나야 한다. 《인문학을 하나님께 2》에 나오는 글이다.

건강한 가정과 교회는 웃음이 많다. 병든 가정과 교회는 웃음이 없다. 웃음을 억제한다. 경건치 못한 행동이라고. 한 사람의 건강성은 웃음이다. 웃는 사진이 최고다. 대한민국은 늘 심각하다. 사진 찍을 때 "좀 웃으세요"라는 말을 많이 한다. 잘 웃지 않는다. 왜 그럴까. 고난과 외침의 역사 때문에. 주변 강대국에 낀 아픔과 외침 때문에. 하지만 복음은 그렇지 않다. 하나님은 웃음이 없는 이들에게 웃음을 선물하셨다. 예수를 통하여 웃음을 잊은 이들에게 웃음을 선물하신다. 이삭의 이름의 뜻이 웃음이다. 웃음없이 산 사라에게 하나님은 독자 이삭을 통해 웃음을 주셨다. 구십 할머니가 아들을 낳았다. 임신과 입덧, 배가 불러옴, 출산 등을 생각해 보면 우습다. 이후 사라는 독자 이삭을 보고 평생 웃으며 살았을 것이다. 자기 같이 늙은 여자가 저렇게 멋진 아들을 낳았으니 말이다.

예수 믿고 난 후에 웃음을 찾았다. 전에는 잘 웃지 못했다. 유교적인 기독교 교육을 받아서 그런지. 웃는 것은 불경건한 행동이라고. 근엄해야 더 경건하다고. 걸음걸이도 천천히, 말수는 적게. 이것이 경건이라고. 복음인지, 유교인지 헷갈렸다. 하지만 복음의 깊이를 경험하면 할수록 웃음뿐이다. 웃지 않을 수 없다. 복음을 통해서 경험한 모든 것이 놀라운 신비다. 복음은 나를 변화시켰고 지금도 웃게 만든다. 웃지 못했던 작은 자가 어떻게 이 자리까지 오게 되었을까. 생각만 해도 우습다. 그렇게 웃지 못하던 나를 웃게 만든 것이 복음이요 예수다.

예수 믿는 가정과 교회는 '웃음꽃'이 만발해야 한다. 인생 자체가 고난이다. 인생이 칠십이요 강건하면 팔십이다. 그 자랑은 수고와 슬픔이다. 고난의 인생 끝에 예수가 찾아왔다. 예수는 죽음을 이기고 부활하였다. 부활의 생명이 예수 믿는 이들 속에 있다. 그 부활 생명으로 고난 중에도 웃는다. 고난과 절망 중에도 기독인은 항상 희망이다. 허허실실이다. 예수는 십자가도 기쁨으로 참았다. 이왕 고난을 통과한다면 웃으며 통과하자. 많이 웃자. 웃다 갈 시간도 부족하다. 인생은 일장춘몽. 금방 간다. 짧다. 인상 쓰고 침 튀기면서 열불 내면서 남들 비난하고 욕할 시간 없다. 시간 낭비다. 매우 어리석은 일이다.

고난을 웃음으로 승화하자. 일상이 부활이다. 건강이고, 복음의 능력이다. 부활은 고난 중에도 웃게 만든다. 다카시처럼 유머를 준비해서 고난 중에 있는 이들에게 웃음을 선물하자. 낙하산과 얼굴은 펴져야 제맛이다. 예수는 일그러진 나를 성경 다리미로 펴서 활짝 웃게 만들었다. 바보처럼. 그렇게 예수 바보가 되었다. 주님께서 날 보고 또 사진 찍자고 하신다. "옥 목사, 좀 웃어!" 주님의 음성이 귓가에 울려 퍼진다. 바보처럼 웃고 살면 얼마나 좋을까.

어느 부부가 결혼해서 아들을 낳았다. 세계적으로 유명하고 똑똑한 아이가 되라고 〈아인슈타인〉 우유를 먹여 키웠다. 근데 이놈이 초등학교 다니는데 영 성적이 아니다. 세계적 인물은 못 될 것 같아서 우유를 바꿨다. 서울대학이라도 가라고 〈서울우유〉로. 근데 이놈이 중학교에 가더니 서울대도 가기 힘들 것 같았다. 아쉽지만 한 단계 낮춰야 할 것 같아 〈연세우유〉로 바꿨다. 근데 실력이 어림도 없어 마음을 비우고 좀 더 낮춰서 건국대학이라도 가라고 〈건국우유〉로 바꿔 먹였다. 그런데 이놈이 고등학생이 되니 건국대 근처도 못 갈 것 같다. 그래서 우유를 또 바꿨다. 〈저지방 우유〉로. 저 지방에 있는 대학이라도 붙어주길 간절히 기원하면서 말이다. 결국 그것도 힘들어 보여서 〈3,4우유〉로 바꾸게 되었다. 3년제 4년제 가리지 않고 합격만 해달라고. 이 이야기를 친구에게 했더니 그 친구는 〈매일우유〉를 마시게 하였단다. 매일 학교라도 빠지지 말고 가라고. 결국 아들은 좋다는 우유 다 먹고도 대학에 못 가고 낙담하며 살다가 마지막으로 〈빙그레우유〉로 바꿨단다.

이 이야기를 읽고 얼마나 웃었는지 모른다. 웃으며 살자. 즐겁게 살자. 웃지 못할 이유 없다. 웃고 살 시간도 한정되어 있다. 재미있는 사람, 웃기는 이야기 잘하는 사람이 좋다. 잘 웃는 사람이 건강하다.

04
웃으며 살자

왜 웃으며 살아야 하는가?

어느 목사님이 기독교 방송국에서 촬영하러 오라는 연락받았다. 평생 처음이다. 이때부터 가슴이 벌렁거리기 시작했다. 너무 벌렁거려서 우황청심환을 먹었다. 세 개나 먹었다. 그래도 벌렁거림이 멈추지 않는다. 이에 친구에게 전화했다. 어떻게 하면 좋겠냐고. 기독교 방송국에서 방송 나오라는 이야기를 들은 후부터 벌렁거림이 멈추질 않는다고. 우황청심환을 먹었는데도 멈추지 않는다고. 그런데 그때 친구가 해준 한마디에 벌렁거림이 바로 나아 버렸다. 친구가 이렇게 말했기 때문이다. "야, 그거 아무도 안 봐." 이 이야기를 후배 목사님에게 듣고 얼마나 웃었는지 모른다. 그리고 그 후배 목사님은 만나면 강단 유머라면서 하나씩 해준다. 얼마나 재미있고 좋은지. 스트레스도 풀리고, 피곤도 가신다. 그렇게 웃는 것이 좋다. 오늘도 유머를 하나 해주었다.

어느 싱글 전도사가 결혼 상대자로 팔뚝도 굵고 다리도 튼튼하고 건강한 사모를 원했다. 부흥사 스타일의 굵직하고 컬컬한 목소리를 가진 사모를 원했다. 마침 청년부에서 그런 자매를 만났다. 그 자매를 불러서 어렵사리 청혼했다. 그랬더니 그 자매는 부흥사 스타일의 굵은 목소리로 허락했다고 한다. "네, 목사님. 나도 목사님 이미 찍었어요." 이 젊은 전도사님은 처음 듣는 자매의 부흥사 스타일로 말하는 굵고 쉰 목소리에 까무러쳤다고 한다. 상상만 해도 웃겼다. 토요일 저녁에는 교인들이 들깨를 먹지 말아야 한다고 한다. 그 이유는 교인들이 주일 설교 때 잠이 들깨.

어떤 교회에 외부 강사 목사님이 오셔서 설교하는데 이런 양해를 구했다고 한다. 어쩔 수 없이 오늘 설교를 짧게 할 수밖에 없다고. 원래 설교를 길게 하는데, 오늘 그만 설교원고를 서재에 두었는데, 개가 설교원고를 반이나 찢었다고. 개가 자주 서재에 와서 자주 그런다고. 오늘도 그랬다고 하면서 설교를 짧게 해야 한다고 하면서 설교를 아주 짧게 했다고 한다. 이 목사님이 설교를 마치고 집으로 가려는데 그 교회 장로님이 그 목사님에게 찾아와서 이렇게 말했다고 한다. "목사님, 목사님. 죄송한데 그 개가 새끼 낳으면 우리 목사님에게 한 마리를 주시면 안 되겠습니까?"

코로나 이후 시대 다들 힘들게 산다. 들려오는 소식들이 모두 힘들다. 다들 살기 힘들다고 아우성친다. 좋은 소식이 별로 없다. 그러니 이래저래 우울해지고 다들 힘들다. 그런데 가끔 사람들에게 듣는 유머는 마치 청량제와 같다. 비타민과 같다. 그렇게 한바탕 웃고 나면 기분도 좋아지고 근육도 풀리고 스트레스도 날아간다. 그러니 유머가 더 필요한 시점이 아닐까 싶다.

직업별로 믿음 생활이 다르다고 한다. 채소가게 주인은 쑥쑥 믿는다. 한의사는 한방에 믿는다. 성형외과 의사는 몰라보게 믿는다. 자동차 딜러는 차차 믿는다. 백화점 사장은 파격적으로 믿는다. 합기도 관장은 기차게 믿는다. 총알택시 운전사는 따블로 믿는다. 목욕탕 주인은 때를 기다리며 믿는다고 한다. 이 유머를 듣고 한바탕 크게 웃었다.

"죽겠다, 죽겠네"를 습관적으로 하는 교인에게 어느 목사님이 이렇게 말했다고 한다. '죽겠다'는 '주께 있다'의 준말이고, '죽겠네'는 '주께 있네'의 준말이라고. 절이 안 망하는 이유는 교회가 날마다 '절망하지 말라'고 기도하기 때문이라고. 웃게 하시는 하나님을 많이 묵상하며 살자.

이삭의 이름 뜻이 '웃음'이다(창 21:5, 6). 믿음으로 이삭을 매일 생산하며 사는 그리스도인이 되면 얼마나 좋을까. 하나님은 웃지 못하는 우리를 예수 안에서 웃게 하시려고 구원하셨다. 예수 믿어 거듭나고 중생하여 영생을 소유하게 된 자는 모두 웃는 자다. 이 사실을 명심하자. 그리스도인의 삶 속에 웃음이 빠지면 팥이 없는 찐빵과 같다. 웃음이여 영원하여라.

05
웃음이 보약
웃으면 어떤 일이 일어날까?

요사이 사는 것이 재미있다. 주변에 웃기는 이들이 많아서 그렇다. 특히 노회 임원 모임이 즐겁고 재미있다. 어느 모임이든지 웃기는 동료가 있으면 즐겁다. 다시 가고 싶다. 너무 진지하지 말자. 웃음으로 승화하자. 유머도 개발하자. 별일 아닌 것은 웃음으로 넘겨버리자. 슬픔과 고난도 웃음으로 승화하자. 웃음은 육신과 정신 건강에 좋다. 돈 들지 않는 보약이다. 많이 웃자. 유머를 준비하자. 위트와 재치로 말하자. 죽을 때까지 재미있게 살자. 다 행복해지려고, 건강하게 살려고 사는 것이다. 인생은 잠깐이다. 안개와 같다. 오늘 무슨 일 당할지, 무슨 질병 선고받을지 모른다. 하루가 기적이고 축복이다. 웃음을 선물하자. 웃기지 못하면 잘 웃어주기라도 하자. 돈 드는 일도 아닌데 말이다. 이렇게도 못하는 사람은 어떻게 된 사람일까. 필시 심령이 병들었을 가능성이 크다. 웃기지 못할망정 잘 웃어주기라도 하자.

잘 웃어주면 뇌에도 좋고, 건강에도 좋다. 관 속에서도 웃는 모습으로 가고 싶다. 많이 웃고, 많이 웃어주자. 웃기려고 노력하자. 웃음이 치유와 보약이다. 은혜다. 웃지 못하는 것이 진짜 병이다. 중병이다. 암도 스트레스도 웃으면 치유된다. 웃음은 각박한 우리네 삶에 여백과 여유를 준다. 웃음은 건강과 관계의 보약이요 치유제다. 육신도 영혼도 건강하고 행복하게 만든다. 웃음을 창조하신 하나님께 감사하다. 성경 속에도 웃기는 기사가 많다. 이삭의 이름의 뜻이 웃음이다. 성경 읽으면서 자주 웃는다. 웃음이 없다면 삶은 어떠할까? 러셀은 말한다. 웃음은 가장 값싸고 효과 있는 만병통치약이라고. 일본 속담에 웃으며 보낸 시간은 신들과 함께 보낸 시간이라는 말도 있다. 얼마나 대단한 말인가.

요즘 부쩍 주변에 암에 걸리는 분들이 많다. 안타깝다. 건강하게 살면 얼마나 좋을까. 인생 후반전에 큰 질병에 걸리면 괴롭다. 암뿐만이 아니다. 노인성 치매나 알츠하이머 그리고 각종 성인병으로 힘겹게 인생 후반전을 지내는 이들이 있다. 가슴 아픈 일이다. 특히 주님과 교회를 잘 섬기는 분들이 이런 아픔을 당하면 슬프다. 그러기에 건강해야 한다. 건강에도 하나님의 은혜와 도우심이 필요하다. 매일 건강을 위하여 기도하고 노력해야 한다.

12가지 건강 욕구가 있다. "젊음과 아름다움을 유지하고 싶다. 치매를 예방하고 싶다. 오래 살고 싶다. 기억력을 유지하고 싶다. 노화 속도를 늦추고 싶다. 퇴직 없이 오랫동안 일하고 싶다. 피로를 풀고 싶다. 암과 기타 질병에서 해방되고 싶다. 살을 빼고 싶다. 스트레스를 피하고 싶다. 여유를 즐기고 싶다. 정력을 유지하고 싶다." 이런 인간 건강 욕구가 있다. 이 욕구대로 채워지면 얼마나 좋을까. 특히 인생 후반전이 더욱 건강하고 행복해질 것이다. 이런 건강 욕구가 충족되기 위해서 《뇌내혁명》의 저자인 하루야마 시게오는 7가지 조건을 제시한다. "피곤하지 않게 하라. 적절히 잠을 자라. 식욕을 절제하라. 화를 내지 말라. 두뇌를 계속적으로 사용하라. 적당한 운동을 하라. 마음의 평안을 유지하라." 대부분 우리가 다 아는 내용이다. 단지 실천하지 못할 뿐이다. 바쁘거나 게을러서 실천하지 못하는 경우가 태반이다.

여기에 하나 더 추가하고 싶다. 웃음이다. 스트레스를 받고, 화를 내고 짜증을 내면 뇌에서 나쁜 호르몬이 생겨서 온몸에 퍼진다. 그것이 결국 각종 질병을 초래한다. 의학적으로 입증된 일이다. 반면에 웃으면 뇌에서 좋은 호르몬이 생성된다. 이로 인하여 전신이 건강해진다. 웃음이 보약이고, 웃으면 복이 온다. 어렵고 가난했던 시절 〈웃으면 복이 와요〉라는 코미디 프로가 대한민국의 희망과 행복을 준 적이 있다. 그렇게 웃음이 건강과 관계에 좋다. 웃기는 사람들이 좋다. 웃어주는 사람이 좋다. 함께 하면 웃기는 사람이 있다. 유머와 위트가 뛰어난 이들이다. 센스가 있고 똑똑한 사람이다. 치유자다. 얼마나 재미있고 웃기는지. 그렇게 한바탕 웃으면 근심 걱정 염려 스트레스가 날아간다.

힘들고 무서운 세상이다. 수고와 슬픔뿐인 인생이다. 언제 무슨 일을 당할지 모른다. 그러니 매일 웃으면서 지내자. 자주 웃자. 웃음을 선물하는 사람이 되자. 인상 쓰고 다니지 말자. 사람들 앞에 웃으면서 나타나자. 미소와 웃음으로 화장하자. 아내가 지난밤 꿈 이야기를 해준다. 얼마나 웃기는지. 웃기지 못하면 꿈 이야기라도 하면서 웃겨주자. 사람은 웃을 때와 기도할 때가 가장 아름답다. 많이 웃고 웃음을 선물하는 믿음의 사람이 되자.

06
949일의 감사

고난을 통과해 본 적이 있는가?

임현수 목사가 쓴 《내가 누구를 두려워하리요》를 읽었다. 그는 18년간 북한 선교를 하다가 2015년 1월에 붙잡혀서 종신형 선고를 받았다. 이후 2017년 8월 9일까지 949일 동안 독방에서 지냈다. 그 생생한 체험을 간증 형식으로 쓴 책이다. 이 책은 현재의 삶에 대하여 모든 것에 감사하도록 도전하고 있다. 그는 캐나다 토론토 큰빛 교회 담임이었다. 캐나다에서 가장 부흥하는 한인교회였다. 많이 모일 때는 4천 명까지 모였다고 한다. 그런데 목사님과 그 교회가 북한 선교에 전념하였다고 한다. 임 목사님은 18년 동안 150번이나 북한을 방문하여 선교하였다. 그러다가 해외에서 강연 중에 김일성 우상화를 비판하였다고 해서, 그것이 발각되어서 〈최고 존엄 모독죄〉로 재판받아 사형 선고를 받았다. 그러다가 종신형으로 감형되고 949일, 2년 7개월 9일간 독방에서 노동하면서 지내야 했다.

죽을 고비를 무려 세 번이나 넘겼다. 바퀴벌레가 우글거리는 독방에서 지냈고, 매일 8시간을 노동하며 보냈다. 그런데 노동이 아주 비생산적이었다고. 곡괭이로 얼어붙은 땅을 파고, 어떤 때에는 손으로 땅을 파내었다고. 그리고 그 판 구덩이를 흙으로 다시 덮어야 했다고. 그러니 열 손가락이 어떻게 되었을까. 40명이 넘는 간수들이 자신을 지켰다고. 일거수일투족을 감시받았다고. 처음 감옥에 들어갔을 때는 고개도 들지 못했단다. 고개를 들면 간수가 때렸다고. 감옥에서 나와 노동할 때만 고개를 들 수 있었다고 한다. 여기서 자유가 얼마나 귀한지를 뼈저리게 느꼈다고. 자유롭게 고개 들 수 있는 것이 큰 축복인 것을 깨닫게 되었다고.

무엇보다 독방은 너무 외로웠다고 한다. 독방에서 134번의 주일예배를 혼자 드렸다고. 함께 주일마다 예배드리는 성도들이 자신에게 얼마나 큰 축복이며 귀한지를 깨닫게 되었다고 한다. 3,000끼를 혼자 독방에서 먹었다고. 식탁에 앉아 사람들과 함께 밥을 먹는 것이 엄청난 축복인지 깨닫게 되었다고. 이런 고독과 외로움 가운데서 하나님과 교제하면서 지냈다고 한다. 감옥생활 1년 지난 후에 빼앗긴 성경을 다시 받아 볼 수 있게 되었단다. 그렇게 매일 성경 읽기와 성경 묵상 그리고 성경 연구를 하였단다. 무지막지한 외로움을 성경을 통해 하나님과 교제하면서 이겨내었다고. 또 찬송가를 1장부터 마지막 장까지 계속해서 불렀다고 한다. 성경도 암송하고, 찬송가도 암송하였다고. 그렇게 말씀과 찬양으로 외로움과 고독을 달랬다고 한다.

그는 말한다.

《노동 교화소는 하나님께서 나에게 마련해주신 수도원과 같았다. 노동과 기도와 말씀 묵상이 2년 7개월 9일 동안 내 생활의 전부였다. 주님은 내게 "그의 노염은 잠깐이요 그의 은총은 평생이로다 저녁에는 울음이 깃들일지라도 아침에는 기쁨이 오리로다"(시 30:5)라는 말씀을 주셨다. 내가 '그러면 언제까지입니까?'라면서 더 기도하자 "비록 더딜지라도 기다리라"(합 2:3)는 말씀을 주셨다. 그때부터는 믿음으로 기다릴 수 있었다. 나는 하나님의 최선을 믿었다. "참새 한 마리도 하나님의 허락 없이 떨어지지 않고 우리의 머리털까지 세신 바 되었다"라는 말씀을 굳게 믿었다(눅 12:6, 7). 우리가 감사를 선택하면 더 큰 감사를 주시고, 오늘로 인해 감사하면 감사할 내일을 주시고, 작은 일에 감사하면 감사할 더 큰 것을 주신다. 감사가 축복의 문을 여는 비결이다. "감사로 제사를 드리는 자가 나를 영화롭게 하나니"(시 50:23). 성경은 감사하는 자가 되라고 권면한다. 또한 말세에 고통하는 때가 이르면 사람들이 감사하지 않을 것이라고 강조한다(딤후 3:1, 2). 인간들이 타락한 뚜렷한 증거가 '감사하지 않는 것'이라는 의미다.》

그렇게 임현수 목사는 간증한다. 빌리 그레이엄은 말한다. "감사하는 마음은 그 사람이 주님께 마음이 맞춰져 있는 그리스도인임을 나타내는 가장 뚜렷한 특징 중의 하나입니다. 고난과 모든 박해 속에서도 하나님께 감사하십시오." 고난을 통과하고 있는가? 이 가운데서도 감사하면 어떨까. 임현수 목사의 949일의 감사를 기억하면서 말이다.

07
고난의 신비
고난이 과연 유익일까?

"나는 그 누구에게든 존경과 경의를 표해야 한다는 것을 배웠습니다. 내 딸이 없었다면 나는 분명 나보다 못한 사람을 얕보는 오만한 태도를 버리지 못했을 겁니다. 그리고 지능으로는 훌륭한 인간이 될 수 없음을 배웠습니다." 소설 《대지》의 작가 펄 벅 (Pearl S. Buck, 1892~1973) 여사의 말이다. 펄 벅은 불후의 명작 《대지》 외에도 80권에 달하는 작품을 쓴, 다산 작가다. 여성으로서 최초의 노벨문학상을 받았다. 중국에서 자랐고 동서양의 벽을 허물고 인류 전체의 복지사회를 꿈꾸었던 평화주의 작가다. 자선사업가로 우리나라에도 혼혈아를 위한 재단을 세웠던 인도주의 작가다. 이 위대한 작가가 왜 모두에게 존경과 경의를 표해야 한다는 것을 배웠다고 하면서 이런 겸손한 말을 했을까? 자신의 하나뿐인 딸이 중증 지적장애와 자폐증으로 고통스러운 인생을 보냈기 때문이다. 이 딸 때문에 펄 벅은 겸손해졌고 모든 사람이 소중한 그것을 깨달았다. 결국 이 딸 때문에 그녀는 모두를 존경과 경의의 대상으로 본 것이다.

그렇다. 고난은 삶을 겸손하게 만든다. 유명인이나 대단한 업적을 남긴 이들 중에 겸손한 자를 찾아보기 힘들다. 하지만 펄 벅은 달랐다. 세계적인 명성과는 달리 그녀는 늘 겸손했고 모두를 존중했고 경의를 표했다. 중증 장애를 앓고 있는 친딸을 통해 배웠기 때문이다. 훗날 그녀는 한국 고아를 포함, 국적이 다른 아홉 명의 고아까지 입양하였다. 자신의 약한 딸을 주제로 소설을 쓰기도 했다.

한때 한국 교회에 찬양으로 대단한 영향력을 끼쳤던 목사님을 만났다. 현재 잠시 서울에 머무는 중이었다. 그는 느닷없이 자신이 20년간 미국서 고생한 이야기를 풀어놓았다. "얼마나 고생하였는지 아시냐고." 그렇게 미국 생활의 고생담을 털어놓는다. 수모와 멸시를 통과하여 자신은 진짜 목사가 된 것 같다고. 옛날에 한국서 잘 나갈 때 자신의 모습은 포장된 것이 많았다고. 교만했다고. 하지만 고난이 진짜 목사로 만들었다고. 요즘 이것이 감격스럽고 감사하단다.

언젠가 중국 식당 배달 아르바이트로 일할 때였단다. 음식을 배달하는데, 그 배달을 시킨 분이 어느 큰 교회 목사님이셨다고. 그런데 그 옆에 초청 부흥강사가 앉아있었다고. 알고 보니 한국서부터 친하게 지내던 자신의 친구였다고. 자기는 중식당 배달을 왔고, 그 친구는 초청 강사로 한국서 왔다고. 여기에 충격을 받고 자신이 개척한 교회 본당에 앉아서 한없이 울었다고. 자기 신세가 너무 처량하여서. 예수님께 물었다고. "주님, 내 꼴이 이게 뭡니까?" 그랬더니 그때 십자가에 매달린 예수님의 환상을 보게 되었다고. 그 일로 위로를 받고, 지금은 오히려 지난날의 고난과 수모에 감사한다고. 찬양과 설교가 더 깊어졌다고. 이분이 인도하는 찬양 집회에 참석하니 정말 그랬다. 예전보다 더 은혜가 되고 깊어졌다. 고난은 우리를 겸손하게 만든다. 십자가로 가까이 가게 만든다. 더 깊은 사람으로 만든다.

다윗은 자신을 향해 욕과 저주를 퍼붓는 시므이를 살려주었다. 곁에 있던 장수들이 분을 참지 못해 당장 죽이자고 하였지만 거부하였다. 이 일로 다윗은 하나님께 복을 받을지, 환궁하게 될지 알 수 없다고 하면서 오히려 축복의 기회로 보았다. 결국 시므이를 살려 주었다. 다윗의 큰마음을 본다. 나 역시 목회하면서 고난과 수모를 많이 겪었다. 담임 목회자를 힘들게 하는 것이 자신의 소명인 양 시므이와 같은 경계선 성격 장애자들을 종종 만났다. 총회와 노회 목사 중에도, 교회 장로 중에도 이런 자들이 있었다. 그때마다 강단에 엎드려 십자가를 붙들었다. 엎드려 기도만 하였다. 오늘 하루의 고난과 수모를 견딜 힘을 달라고 구했다. 이 고난과 수모를 축복의 기회로 보게 해 달라고. 그러던 어느 날 기도 중에 십자가에 매달린 주님의 눈동자와 마주치게 되었다. 환상을 보게 된 것이다. 얼마나 감격했는지. 사랑의 눈빛으로 날 쳐다보시는 십자가에 매달리신 예수님을 보았다. 그 날 이후로 주님의 십자가를 더욱 묵상하였다. 그분의 눈동자를 더욱 묵상하였다. 고난 중에도 웃고 계신 주님을 묵상하였다. 나를 대신하여 기쁨으로 고난을 지신 예수님을 묵상하면서 오히려 기쁨과 감사로 고난과 수모를 지고 가기로 결단하였다. 십자가에서 나를 향하여 미소 짓고 계신 주님의 그 모습이 나에게 말할 수 없는 힘과 능력이 되었다.

고난을 겪어 봐야 신앙도 인생도 깊어진다. 찬양도, 설교도, 공감도 깊어진다. 무엇보다 그렇게 고난은 사람을 겸손하게 만들고 깊게 만든다. 성경 말씀대로 고난당한 것이 유익이다(시 119:71). 고난을 통해 주의 율례뿐만 아니라 인생과 삶의 원리를 배우게 된다. 그러니 우리 앞에 다가오는 고난과 수모를 즐기자. 설교도, 찬양도, 목회도, 인생도, 관계도, 기도도 모든 것이 깊어지고 성숙될 것이다. 보기만 해도 은혜가 되고 치유가 일어날 것이다. 고난은 신비요 또한 교사다.

08
고난의 유익

고난을 통과하니 어떠하였는가?

　연은 순풍이 아니라 역풍에서 가장 높이 난다. 고난을 극복하면 정신이 강해진다. 아이큐보다 역경 지수가 높은 사람이 성공한다. 춥고 어두운 시간, 자정에서 새벽 2시 사이에 장미꽃을 채취한다. 이 한밤중에 장미가 최고의 향기를 발산하기 때문이다. 참깨는 상온에서 보관하는 것보다 영하 20도의 냉동실에 보관하는 것이 훨씬 더 많은 싹을 틔운다고 한다. 고통을 이긴 힘이 생명 활동을 촉진하는 것이다. 전나무는 환경이 열악해지면 유난히 화려하고 풍성한 꽃을 피운다. 이 전나무로 바이올린을 제작한다. 고통이 명품을 만든다. 열대지방의 나무에는 나이테가 없다. 내부를 단단히 채우는 혹한의 시기를 거치지 않았기 때문이다. 추위를 극복한 나무만이 그런 훈장을 몸에 둘 자격이 있다. 사람 역시 고난을 거쳐야 내면이 단단해진다. 나방은 고치의 장벽을 뚫으면서 생존의 힘을 기른다. 병아리도 마찬가지다. 잔잔한 바다에서는 훌륭한 뱃사공이 만들어지지 않는다.

그분 앞에 서면 큰 산 같아 보인다. 여태껏 고난이라고 여겨진 것이 사치였다고 생각된다. 그의 살아온 이야기를 들어 보면 입이 딱 벌어진다. 하나님은 고난 겪은 이들을 크게 사용하신다. 보기만 해도 은혜가 되고 존경스럽다. 그 깊은 고난 중에 예수를 만나 목사가 되었다. 은퇴 후에도 열정적으로 설교와 복음 선교 활동에 힘쓰고 있다. 그분은 안산 동산고등학교를 설립하였다. 고 옥한흠 목사님의 말씀이 생각난다. 하나님은 고난을 크게 겪은 목사를 귀하게 사용하신다고. 위대한 설교자로 사용하신다고. 맞는 말이다. 고난 중에 있는 이들이 많다. 함부로 자신의 고난을 말하지 말자. 더 크게 고난 겪은 이들이 많다. 한국 교회의 60%가 40명 이하의 교회다. 목회만 해도 어렵고 힘들게 목회하는 이들이 많다. 개척한 목회자들은 모두 큰 고난을 통과하였다. 눈물과 피와 땀과 기도로 빚어진 삶이다. 모욕과 멸시와 가난의 길을 걸었다. 개척 교회 이야기를 들은 코끼리가 눈물을 흘리지 않을 수 없었다는 웃지 못할 이야기도 있다. 그만큼 힘들었다는 말이다. 개척한 목회자는 모두 존경스럽다.

삶이 평안하지 않다. 바람이 불고 폭풍이 친다. 지진도 일어나고 한파도 닥친다. 꽁꽁 얼어붙은 호수를 맨발로 건너야 할 때도 있다. 인생은 힘겹다. 날마다 크고 작은 폭풍과 대면한다. 십자가의 주님을 생각하면 통과할 수 있다. 온유, 겸손, 인내. 극한 고난을 통과한 분들의 간증을 들으면 지금 내가 겪는 고난은 아무것도 아니다. 사치다. 모두 자신의 고난이 가장 큰 것처럼 여긴다. 모두에게 자기 십자가가 있다. 그러기에 여러 사람을 만나야 한다. 책도 읽고, 사람도 만나고, 집회도 참석해야 한다. 다양한 사람들의 소리에 귀를 기울여야 한다. 그래야 고난을 믿음으로 승리한 이들을 만날 수 있다. 간증을 들을 수 있다. 고난을 극복하는 힘과 지혜를 얻을 수 있다. 왜 나만 겪는 고난이냐고 생각하지 말자. 고난은 만인에게 평등하다. 고난을 겪기에 사람이고 인간이다. 예수님도 고난의 길, 십자가의 길을 보내셨다.

성경은 고난의 이야기로 가득 차 있다. 고난의 절정은 십자가다. 참혹한 고난이다. 고난 겪을 때 십자가의 예수님을 묵상해야 한다. 온유, 겸손, 인내, 믿음과 소망. 그러면 이길 수 있다. 이 힘으로 고난을 이긴다. 예수의 흔적을 지닌 이가 많다. 이 사실을 명심하자. 고난이 우리를 겸손하게 만들고, 또한 성숙하게 만든다. 고난을 통해 교만한 인간은 하나님께 투항하고 십자가로 향한다. 겸손해진다. 인간의 강퍅함은 하늘을 찌른다. 그래서 하나님은 고난을 사용하신다.

소크라테스는 말한다. "역경은 사람을 단련시키는 최고의 학교다." 이솝은 말한다. "고난을 겪었다면 신에게 감사하라. 그것은 당신에게 새롭게 살아갈 힘을 줄 것이다." 프랑스의 소설가 오노레 드 발자크는 말한다. "고난은 천재에게 성공의 발판이며, 상인에게 재물이며, 약자에게 힘이다."

고난 겪는 것이 유익이다. 나도 마찬가지다. 고난을 겪지 않았다면 어떻게 되었을까? 박살이 났을 것이다. 고난 주신 하나님께 감사하자. 고난을 통해 여기까지 인도하신 하나님을 찬양하고 싶다. 정말 고난은 유익이다. 고난 당한 것이 유익이고, 고난을 통해 주의 율례를 배웠다는(시 119:71) 성경 말씀은 진리다.

〈울프의 법칙〉이란 것이 있다. 독일의 외과 의사 줄리어드 울프가 발견한 이론이다. 사람의 뼈에 지속적으로 충격을 가하면 뼛속 조직에 미세한 파열이 생기고, 그 속에 조직이 채워지는 과정이 여러 번 반복되면서 뼈가 상상 이상으로 강해진다는 것이다. 육체를 단련하는 무술 수련자들의 뼈가 보통 사람보다 단단한 것이 이런 이치 때문이다. 사람의 정신도 마찬가지다. 상처, 고통, 슬픔, 두려움을 극복하면 정신력은 더 강해진다. 이 울프의 법칙이 고난에도 고스란히 적용된다. 우리에게 큰 유익으로 작용하기 때문이다.

시인 정진규는 자작시 〈서서 자는 말〉에서 넘어지는 것을 절대 두려워하지 말라고 당부한다. "내 아들은 유도를 배우고 있다. 2년 동안 넘어지는 것만 배웠다고 했다. 낙법만 배웠다고. 넘어지는 것을 배우다니! 네가 넘어지는 것을 배우는 2년 동안 나는 넘어지지 않으려고 기를 쓰고 살았다. 한번 넘어지면 그뿐 일어설 수 없다고 세상이 가르쳐 주었기 때문이다. 잠들어도 눕지 못했다. 나는 서서 자는 말. 아들아 아들아 부끄럽구나. 흐르는 물은 벼랑에서도 뛰어내린다. 밤마다 꿈을 꾸지만 애비는 서서 자는 말."

　시인의 아들처럼 넘어지는 것을 두려워하지 않고 그것을 통해 일어서는 법을 배우는 것이 중요하다. 고난과 실패를 통해 자신의 삶을 강하게 담금질하는 것이 지혜를 배우는 것이고, 또한 고난에서 얻게 되는 또 다른 유익일 것이다. 고난 당한 것이 그렇게 유익이다. 그러니 고난을 변장된 축복으로 여기며 고난을 대하면 어떨까.

09
짬뽕 한 그릇

힘들고 지쳤는가?

우리나라의 조선 시대와 비슷한 시기인 일본의 에도 시대 (1603~1868)에 천주교인들은 많은 박해를 받았다. 그리스도를 믿는다는 단 하나의 이유로 말이다. 지방마다 방이 붙었다. 신부나 조력자나 교인들을 고소하면 포상한다고. "신부를 고소하면 은 5백 냥, 조력자를 고소하면 은 3백 냥, 신도를 고소하면 은 백 냥." 그 역사의 흔적이 머문 곳을 방문하였다. 시대를 잘 타고 태어나 예수 믿고 교회 다녀도 박해하거나 고소 고발하는 자가 없다. 이런 종교의 자유가 있으니 그저 고맙고, 감사할 뿐이다. 자유 대한민국 사회가 너무 좋다.

40년간 일본에서 선교하고 목회하신 선교사님 내외의 간증을 들었다. 눈물 없이 들을 수 없는 간증이었다. 그 힘겨운 세월을 십자가만 붙잡고 사셨다고 한다. 차별과 방해가 많았는데도 다 참고 이기고, 이제 은퇴를 앞두고 있단다. 자국에서 목회하는 것도 힘든데 타국에서 목회하는 것은 얼마나 힘이 들까. 두 분은 보기만 해도 은혜다. 승리하셨다. 그 선교사님께 하나 물었다. 40년 선교와 목회하면서 가장 크게 깨달은 것 하나를 말씀해 달라고. 그랬더니 그 선교사님이 이런 말씀을 하신다. "사람은 갈수록 믿을 수 없는 존재라는 것을 깨달았습니다." 얼마나 사람들에게 치였으면 이런 말씀을 하셨을까. 마음이 짠하였다. 하지만 공감도 되었다. 도대체 주변에 믿을 사람이 몇이나 될까. 내가 좋아하는 박세리 선수와 그 부친의 사건을 보면서 이런 생각이 더해 갔다. 부모도 자식도 친구도 부부도 믿지 못하는 세상이 되고 있으니 말이다.

"앞으로의 시대는 어떤 인재가 필요한가?"라는 질문을 던지자 세 명의 기업 총수가 '세상을 두려워할 줄 아는 사람'이라고 대답했다. 그 세 명의 기업 총수는 바로 메이코 상회의 다카기 레이지, 이토요카도의 이토 마사토시, 그리고 마쓰시다 고노스케다. 두려움을 아는 자는 겸허하다. 그 겸허함이 스스로의 내면을 향할 때 반성이 일어나며, 자신이 아닌 다른 사람에게 향할 때 감사하는 마음이 생긴다. 감사와 반성. 삶을 살아가는 데 이보다 더 중요한 단어는 흔치 않다. 경외심이란 바꿔 말하면 곧 감사와 반성이다. 나카지마 다카시가 쓴 《리더의 그릇》에 나오는 글귀다. 매일 감사와 반성으로 살아가자. 조심조심 살아가자.

요즘은 사진으로 말하는 시대다. 말이 필요 없다. 자신이 찍은 사진 한 장 보내면 그만이다. 그 사진 한 장에 생각과 마음이 다 들어있다. 감사하게도 그 사진을 평가해 주는 벗이 있다면 이보다 더 고마울 순 없다. 사진을 많이 찍지만, 평가를 받지 않는다. 카메라 셔터만 누른다고 다 사진이 되는 게 아니다. 모두가 자신은 최고의 사진작가라고 생각한다. 하지만 쓰레기통으로 가야 할 쓸데없는 사진이 얼마나 많은지 모른다. 그렇게 하나 둘 삭제 하다 보면 남는 사진은 별로 없다. 남은 것은 인생 사진이다. 이 인생 사진을 지인들에게 보여주고 평가를 받아보라. 정성으로 평가해 주는 벗이 있다면 그는 정말 좋은 친구다.

나고야에서 오사카까지 자동차를 타고 약 세 시간을 달려왔다. 출발할 때쯤 창문에 붙어 있던 아주 작은 거미 한 놈이 떨어지지 않고 계속 붙어 있다. 깜짝 놀랐다. 바람에도 떨어지지 않고 유리창에 찰싹 달라붙은 거미의 생명력과 접착력에 찬사를 보낸다. 그렇게 거미는 공짜로 나고야에서 오사카까지 온 것이다. 미물인 곤충에게도 배울 것이 많다. "땅에 작고도 가장 지혜로운 것 넷이 있나니 곧 힘이 없는 종류로되 먹을 것을 여름에 준비하는 개미와 약한 종류로되 집을 바위 사이에 짓는 사반과 임금이 없으되 다 떼를 지어 나아가는 메뚜기와 손에 잡힐 만하여도 왕궁에 있는 도마뱀이니라"(잠 30:24-28).

누구에게 붙어 있느냐가 중요하다. 또한 끝까지 떨어지지 않는 것도 중요하다. 예수님께 끝까지 붙어 있으면 필시 좋은 일이 생긴다.

생각지도 않은 은혜가 공짜로 임한다. 주님 덕분에 여기까지 왔다. 그러니 끝까지 주님께 붙어 있자. 하찮은 거미에게서 많은 것을 배우고 깨닫는다. 그대와 나는 지금 어디에 찰싹 붙어 인생 여정을 걸어가고 있는가. 쉽게 여정을 포기하지 말자. 끝까지 가면 반드시 좋은 일이 생긴다.

'그러려니' 하고 살자. 어쩌면 이 말이 정답인 줄 모른다. 어느 분이 그런다. "목사님, 무슨 일을 만나든지 그러려니 하고 사세요. 어딜 가나 목회는 힘든 것 같아요." 또 어느 분이 그런다. "지렁이를 피하려고 다른 곳으로 갔더니 뱀을 만났고, 뱀을 피하려고 또 다른 곳으로 갔더니 이번에는 용을 만났습니다." 그렇다. 피한다고 다 되는 것은 아니다. 힘들어도 참고 견디면 된다. '그러려니' 하고 생각하면서 참고 견디면 된다.

어디 목회만 그럴까. 매사가 마찬가지다. 가정이나 직장이나 모두 힘들다. 무슨 일을 만나도 그러려니 하고 살면 된다. 그렇게 살다 보면 살아진다. 살아지다 보면 좋은 일도 생긴다. 인생사 롤러코스터다. 상승과 하강의 끝없는 반복이다. 그러려니 하고 살자. 오늘은 이것저것 다 적어 본다. 짬뽕 같은 글로 적었다. 한 그릇 시원하게 드셨는지 모르겠다. 짬뽕 한 그릇 시원하게 먹고 다시 힘을 내서 또 걷자. 우리는 모두 여행 중이다.

10
욥이 당한 고난
욥 2:7-10

2022.3.22. 주일 설교 전문

제럴드 싯처 목사. 그는 저명한 기독교 대학의 종교 철학 교수이기도 합니다. 졸업생들은 그를 가장 영향력 있는 교수로 7회나 선정하였습니다. 어느 날 밤, 집회를 마치고 가족들과 집으로 돌아가는 중에 교통사고를 당합니다. 맞은편에서 술취한 운전자가 중앙선을 침범하여 목사님이 모는 차를 받아서 대형 사고가 났습니다. 본인은 살았지만 이 사고로 목사님의 어머니, 아내, 딸이 죽었습니다. 며칠 후 그는 세 개의 관을 놓고 장례식을 치러야 했습니다. 그는 자신의 책에서 말합니다. 이 이해할 수 없는 고통의 시간을 통과하는데 3년이란 시간이 걸렸다고. 왜 의인이 이런 불행을 당해야 하는 걸까요? 하나님은 당신의 백성들이 당하는 이런 불행을 막을 수 없었을까요?

욥도 마찬가지입니다. 성경은 욥이 왜 고난을 겪었는지 잘 설명합니다. 하지만 만약 그런 배경 설명이 없었다면, 특별히 천상에서 일어난 일의 설명이 없었다면, 성경을 읽는 독자들은 난감했을 거예요. 의인 욥이 고난을 겪자 어떤 일이 일어났나요? 자녀와 재산을 잃습니다. 건강도 잃고, 아내에게도 버림받습니다. 이런 '사 중고'에 빠집니다. 왜 이런 불행이 의인 욥에게 찾아왔을까요? 하나님의 사랑을 독차지하고, 하나님께 인정받은 욥입니다. 온전하고, 정직하여 하나님을 경외하였습니다. 악에서 떠난 자였습니다. 그런 그에게 왜 이런 재앙이 닥쳤을까요? 왜 이런 불행이 찾아왔을까요?

사탄의 시기 때문이죠. 동방의 부자가 믿음까지 있어서 하나님을 잘 섬기니까, 사탄이 이것 때문에 배가 아프고 시기 질투가 난 것입니다. 눈에 거슬린 것이죠. 그래서 천상 회의에 참석하여 여호와께 항변합니다. "욥이 어찌 까닭 없이 하나님을 경외하겠습니까? 주께서 그와 그의 집과 그의 모든 소유물에 복을 주었기 때문입니다. 이것 때문에 하나님을 경외하는 것입니다. 그러니 그 모든 것을 다 빼앗아 보십시오. 그래도 하나님을 경외하는지? 반드시 주를 향하여 욕하게 될 것입니다." 이에 여호와께서 허락하십니다. 하지만 절대 욥의 몸에는 손대지 말라고. 하지만 욥은 이 사실을 몰라요. 어떻게 알겠어요? 천상에서 일어난 일인데. 이후 욥은 엄청나게 얻어터집니다. 이유 없이 얻어맞습니다.

그렇게 여호와의 허락하에, 사탄이 욥의 자녀와 재산을 칩니다. 스바 사람들이 와서 종들을 죽이고 가축을 빼앗습니다. 하늘에서 불이 떨어져 종들이 죽고 가축도 죽습니다. 갈대아 사람들이 침공하여 종들을 죽이고, 가축을 강탈합니다. 천둥 번개와 강풍이 불어서 자녀들이 몰사합니다. 이런 이해할 수 없는 재앙이 의인 욥에게 닥칩니다. 그런데 어떻습니까? 이런 중에 욥이 어떻게 했나요? 하나님을 향하여 원망하지 않았습니다. 입으로 범죄하지 않았습니다. 모태에서 알몸으로 나왔고, 알몸으로 돌아갈 존재라고. 주신 이도 여호와시요. 거두신 이도 여호와시라고. 이렇게 하나님의 절대 주권을 인정합니다. 여호와의 이름이 여전히 찬송 받아야 한다고 고백합니다. 정말 대단한 믿음이요 신앙입니다.

그런데 어떻습니까? 여기서 끝나지 않습니다. 욥의 신앙이 이런 재앙으로 꺾이지 않으니까, 여호와의 허락을 다시 받아, 이번에는 사탄이 욥의 몸을 칩니다. 발바닥에서부터 정수리까지 종기가 납니다. 욥이 재 가운데 앉아서 질그릇 조각으로 몸을 긁습니다. 그러자 아내가 하나님을 욕하고 죽으라고 하죠. 이에 욥이 뭐라고 하나요? 그대의 말이 어리석다고. 하나님께 복도 받고, 화도 받는다고. 그렇게 욥은 하나님을 원망하지 않습니다. 입술로 범죄하지 않습니다. 하나님의 주권을 인정합니다. 여전히 견고한 믿음을 견지합니다.

이 욥의 신앙에 대하여 신약성경 야고보서는 이렇게 기록합니다. "보라 인내하는 자를 우리가 복되다 하나니 너희가 욥의 인내를 들었고 주께서 주신 결말을 보았거니와 주는 가장 자비하시고 긍휼히 여기시는 이시니라"(약 5:11). 이 엄청난 재앙을 욥이 참고 견디고 인내합니다. 주께서 주신 결말을 보게 되었다고. 그의 결말이 어떠했나요? 잃은 것을 다 회복하고 더 큰 축복을 받게 되죠. 이후 무병장수하다가 140세에 생을 마감합니다. 하지만 욥보다 더 고통당한 의인이 계십니다. 예수 그리스도. 십자가에서 우리 대신 죽어주신 참 의인, 예수 그리스도. 그 참혹한 현장에서 십자가 이후에 있을 인류 구원의 역사를 바라보면서 기쁨으로, 믿음으로 십자가를 참으신 예수 그리스도. 조롱 가운데서도 자기 백성의 구원을 위하여 십자가에서 내려오지 않으신 예수 그리스도. 이 예수 그리스도의 인내와 희생으로 저와 여러분이 구원받고, 천국 영생을 소유하게 된 것이죠.

이해할 수 없는 고통으로 고뇌하는 성도들이 많습니다. 왜 나에게 이런 고통이 임하고, 왜 나에게 이런 재난이 임했을까? 이로 인해 믿음이 약화될 수 있습니다. 신앙에 의문과 회의가 생길 수 있습니다. 원망이 나올 수도 있습니다. 입으로 범죄할 수 있어요. 하지만 믿음의 눈을 들어 욥을 바라보면서 위로받고, 도전을 받으면 어떨까요? 그래도 우리가 당한 고난이 욥보다는 좀 낫지 않을까요? 그 참혹한 재난을 믿음으로 통과한 욥. 그를 주목하고 바라보면 어떨까요? 그 믿음을 본받고, 그 인내를 본받으면 어떨까요? 주께서 보여주신 욥의 결말을 보면서, 현재 우리가 당하는 고난과 비교하면서 그의 고통과 불행에 주목하면 어떨까요?

이해할 수 없는 고통과 재난을 욥은 믿음으로 승화했습니다. 모든 것을 하나님이 주셨다고, 알몸으로 왔으니 알몸으로 가는 존재라고. 그렇게 하나님의 전적인 주권을 인정합니다. 하나님의 섭리 속에서 재난이 일어났다고, 여전히 하나님을 향한 믿음을 견지합니다. 하나님을 원망하지 않고, 오히려 찬양합니다. 이 욥의 신앙과 믿음을 본받아, 믿음으로 인내하며 잘 참고, 십자가에서 내려오지 않으신 예수를 붙잡고, 오히려 이 고난 중에 감사를 헤아리면서 산다면 얼마나 좋을까요? 그렇게 고난 중에도 감사한다면, 주께서 보여주신 욥의 결말처럼 채워지고 회복되는 은혜가 임하지 않을까요? 전화위복의 축복이 임하고, 합력하여 선을 이루는 역사가 임하게 되지 않을까요?

미국 46대 대통령 조 바이든. 그의 책상 위에는 두 컷 짜리 만화 하나가 놓여 있다고 해요. 그는 이 만화가 늘 자신을 겸손하게 만든다고 합니다. 1972년 바이든은 교통사고로 아내와 딸을 잃습니다. 두 아들 헌터와 보는 중상을 입습니다. 그는 하나님을 원망하며 왜 하필 자신에게 이런 불행이 닥쳤는지 그 이유를 거듭 묻고 또 물었습니다. 그때 자신의 아버지가 건네준 것이 바로 이 두 컷 짜리 만화였다고 합니다. 만화는 미국 유명 작가 딕 브라운이 그린 그림입니다. 제목은 '공포의 헤이가르'라고 합니다. 거칠지만 가정적인 바이킹 헤이가르. 그는 폭풍우에서 벼락을 맞아 좌초되자 신을 원망하며 이렇게 묻습니다. "왜 하필 나입니까?(Why me?)" 그러자 신은 이렇게 되묻습니다. "왜 넌 안 되지?(Why not?)" 바이든은 이 두 컷 짜리 만화를 통해서 불행은 누구나 닥칠 수 있다는 것을 깨닫게 되었다고 합니다. 훗날에는 델라웨어주 법무장관까지 지낸 장남 보 바이든까지 2015년

뇌암으로 죽습니다. 고난으로 얼마나 자주 쓰러졌는지가 문제가 아니라, 얼마나 빨리 일어서느냐가 더 중요한 것 아니겠어요.

어거스틴은 《하나님의 도성》에서 이렇게 말합니다. "고통은 동일하나 고통을 당하는 사람은 동일하지 않다." 똑같은 바람이 부는데 오물에서는 썩은 냄새가 나고, 백합화에서는 향기가 납니다. 유명 앵커인 데이비드 브린클리는 말합니다. "신은 가끔 빵 대신 벽돌을 던지는데, 어떤 이는 원망해서 그 벽돌을 차다가 발가락이 부러지고 어떤 이는 그 벽돌을 주춧돌로 삼아 집을 짓기 시작한다." 고난을 다루는 사람의 자세가 그만큼 중요하다는 교훈이죠. 존 웨슬리는 말합니다. "요즘 그리스도인들은 시험 들기에 딱 알맞은 아슬아슬한 믿음으로 살아간다." 아슬아슬한 믿음이냐? 견고한 욥의 믿음이냐?

고난과 불행, 누구에게나 닥칠 수 있습니다. 그것이 사탄의 시험이든, 나의 실수든, 하나님의 특별한 섭리건, 이해할 수 없는 고난과 불행이 우리에게도 어느 날, 임하게 된다는 것이죠. 구원의 긴 여정 속에 이런 고난도 오게 된다는 것이죠. 이럴 때 어떤 자세와 태도를 견지해야 할까요? 이 모든 것이 각자의 몫이며, 선택이라는 것이죠. 이런 인식을 하면서, 욥과 같이 믿음으로 반응하고, 나 중심이 아니라 하나님 중심에서 이 고난과 불행을 해석하고 풀어간다면, 얼마나 좋을까요? 이렇게 이해할 수 없는 고난과 불행도 하나님의 큰 섭리 속에서 해석하고 이해한다면 의인의 고난이 결국 축복으로 이어지지 않을까요?

팀 켈러 목사는 말합니다. "인생은 도무지 이해 안 되는 일로 가득합니다. 이로 인해 우리는 혼란과 고난, 위기를 겪습니다. 하지만 우리가 잘 알고 있는 진리 덕분에 우리는 인생의 어려움을 거뜬히 헤쳐 나갈 수 있습니다."

아들을 잃고 하나님께 "한 말씀만 하소서" 절규하던 소설가 박완서는 일 년 후 하나님과 화해하면서 이렇게 말합니다. "그 고통의 순간을 지나올 때, 내가 그렇게도 원망할 하나님이 계셨다는 것이 얼마나 고마운지 모른다. 나의 원망을 받아 줄 하나님이 안 계셨다면 오늘의 나는 존재할 수 없었을 것이다. 고통의 순간에 수많은 원망 섞인 질문을 던질 때, 그 많은 원망을 고스란히 들어주셨던 하나님, 그분의 침묵은 더 많은 원망을 듣고자 하셨던 하나님의 배려였던 것이다."

중증장애인이면서 서강대 영문학 교수로 재직했던 고 장영희 교수. 그녀는 여러 번의 암 수술을 받는 고통 중에도 문학을 통해 늘 희망을 이야기했습니다. 한 번은 20세기 최고의 수필로 선정된 헬렌 켈러의 수필 〈사흘만 볼 수 있다면〉을 읽고 이렇게 느낌을 적습니다. "멀쩡히 두 눈 뜨고도 제대로 보지 않고 사는 내게는 차라리 충격이었다. 그래서 오늘같이 햇볕 화사한 날 업적 빵점짜리 신문 칼럼이나 쓰고 있어도, 헬렌 켈러가 꼭 사흘만이라도 봤으면 좋겠다고 염원하는 이 세상을, 나는 사흘이 아니라 석 달, 3년, 아니 어쩌다 재수 좋으면 아직 30년도 더 볼 수 있으니 내 마음은 백 점으로 행복하다." 당신의 마음 점수, 행복 점수는 지금 몇 점일까요?

이해할 수 없는 고난 겪을 때 우리 이런 기도를 드립시다. 고난 겪은 것이 네게 유익이 되었다고. 이로 인하여 내가 주의 율례를 배우게 되었다고. 고난 중에도 감사하게 해달라고. 고난 중에는 더 기도하게 해달라고. 고난 속에 들려오는 주님의 음성을 듣게 해달라고. 고난을 통해 더 성숙하게 해달라고. 온유와 겸손의 사람으로 거듭나게 해달라고. 고난을 통해 예전에 보지 못한 것 보고, 듣지 못한 것 듣고, 깨닫지 못한 것 깨닫게 해달라고. 이해할 수 없는 고난이 많지만, 그 속에 내가 알 수 없는 하나님의 섭리와 뜻이 있음을 믿고, 믿음과 소망 가운데 고난을 잘 통과하게 해달라고. 그래서 훗날 이 고난 때문에 오히려 하나님을 찬양하고, 하나님의 더 큰 축복과 위로를 누리며 사는 주의 백성 되게 해달라고. 고난을 믿음으로 잘 견디어 하나님의 자랑과 인정이 된 욥과 같은 믿음의 사람이 되게 해 달라고 기도하면 어떨까. 이 믿음으로 승리하시기를 축원합니다.

광야를 지나며

모든 리더를 존경한다 정말 지도자가 되려 하는가?
TIME 타임 제정신으로 살 수 있을까?
일용할 양식을 주시옵고 진짜 휴가가 무엇일까?
치매 예방 치매를 극복할 수 있을까?
광야를 지나며 숨기고 싶은 광야의 여정이 있는가?
사택이 가관이었다 어떻게 광야를 통과하려는가?
나 역시 그랬다 역전이 정말 가능할까?
하나님의 부르심 큰 후회 가운데 있는가?
가치관의 액상화 많이 흔들리고 있는가?
고마움을 몰라 마 18:21-35

11
모든 리더를 존경한다

정말 지도자가 되려 하는가?

파스칼은 "인간의 모든 불행은 방 안에 가만히 있지 못하기 때문에 시작된다"라고 했다. 리더의 불행도 마찬가지다. 혼자 가만히 있지 못하는 리더는 불행하다. 자신만 불행할 뿐 아니라 주변인들까지 불행하게 만든다. 홀로 조용히 지낼 수 있는 리더는 안정된 리더다. 정신분석가 이승욱 씨는 경계선 성격 장애가 있는 사람을 조심하라고 한다. 다윗을 괴롭힌 시므이에게서 경계선 성격 장애를 찾아볼 수 있다. 무례한 사람들이 대부분 이런 부류에 속한다. 넘지 말아야 할 선을 넘는 자들이다. 리더는 이렇게 경계선을 넘는 사람들 때문에 힘들다.

무엇보다 리더는 침체의 늪을 잘 헤쳐가야 한다. 모세도, 찰스 스펄전도, 엘리야도 침체의 늪을 통과했다. 리더는 상실의 고통을 통과하기도 한다. 그중의 한 사람이 허드슨 테일러다. 중국 선교 중에 어린 딸 그레이스와 아들 사무엘이 열병으로 죽었다. 얼마 후 태어난 아들 노엘은 20일 후에 또 열병으로 죽었다. 노엘이 죽은 지 13일 뒤에 아내 마리아도 열병에 걸려 죽었다. 그때 마리아의 나이 33세였다. 재혼한 아내까지 잃었다. 그리고 세 번째 아내도 잃었다. 그 상실감과 고독이 얼마나 컸을까? 이 위대한 리더도 상실의 고통을 통과하였다. 이렇게 리더에게 고독은 친구다. 리더는 광야와 침체와 상실과 고난과 낙심을 통과해야 한다. 무례한 사람을 만난다. 경계선 성격 장애자도 만난다. 오해와 비판도 받는다. 배신을 당하고, 사람들이 곁을 떠나기도 한다.

하지만 리더의 고독이 주는 유익도 있다. 자아 성찰의 기회를 준다. 영감을 받고, 온유함도 배운다. 눈물을 고귀하게 여길 줄 알게 되고, 책을 사랑하게 된다. 무엇보다 결핍을 통해 하나님의 부유함을 배우게 된다. 또한 견디게 만들고, 책임지게 만든다. 경청하게 만들고, 배신의 아픔을 이기게 만든다. 분노를 잘 다스리게 만들고, 신중하게 만든다. 무엇보다 계속 배우는 사람으로 만들어진다. 그렇게 리더의 길은 힘들다. 하지만 그 고독과 힘겨운 리더의 무게를 잘 견디면 유익도 많다. 강준민이 쓴 《리더의 고독》에 나오는 글들이다.

리더의 길이 고독과 침체뿐이겠는가? 비판과 무례함뿐이겠는가? 말도 안 되는 일들이 많이 벌어진다. 상상 밖의 일들이 일어난다. 리더를 향하여 돌을 던지는 이들도 있다. 리더의 리더였던 예수님도 마찬가지였다. 리더의 길 자체가 고통이요 고난이다. 하늘 리더로 계셨으면 좋았을 텐데 세상 리더로 오셔서 예수님은 너무 힘겨운 길을 가셨다. 무엇보다 대적자로 인하여 너무 고통스러웠다. 고독은 일상이지 않았을까? 그분의 위로가 무엇이었을까? 곰곰이 상상해 본다. 너무나 힘겨운 리더의 길을 가셨다. 십자가의 길. 누가 예수님의 위로자가 되어 주었을까? 힘겨운 리더의 길을 가다 보면 가끔 만나는 위로자들이 참 반갑다. 사막의 오아시스다. 이들의 위로로 시원하고 지친 심신이 회복된다. 벗과 자연은 리더에게 최고의 회복제다.

리더는 용감해야 한다. 두려움이 없어야 한다. 선각자여야 한다. 남들이 못 보는 것을 볼 수 있어야 한다. 거침없이 전진해야 한다. 목숨을 아끼지 말아야 한다. 자기를 따르는 사람들을 위하여 목숨을 내놓을 줄 알아야 한다. 머리도 비상해야 한다. 작전도 잘 짜야 한다. 시대를 읽을 줄 알아야 한다. 방향 감각도 있어야 한다. 언변도 있어야 한다. 설득도 잘해야 한다. 글도 잘 써야 한다. 자기 관리도 잘해야 한다. 사람들의 마음을 잘 움직일 수 있어야 한다. 도덕적으로 뛰어나야 하고, 자기 통제를 잘해야 한다. 배움의 길을 계속 가야 한다. 이렇게 지도자가 된다는 것은 어렵다. 리더로 산다는 것은 너무 힘겹다. 가정을 인도하는 것도 힘든데 크고 작은 공동체를 이끌어 간다는 것은 대단하고 위대한 일이다. 반면에 고독과 외로움의 여정이다.

이 세상의 모든 리더를 존경한다. 나같이 작은 자가 지도자가 되어 리더의 무게를 견디며 살아간다는 것이 기적이요 은혜다. 함부로 리더가 되려고 하지 말자. 멋모르고 나선 영적 지도자의 길, 목사의 길, 리더의 길. 알고 보니 이 길은 너무 힘겨운 길이었다. 십자가의 여정이었다. 희생과 헌신과 자기 노력과 사랑 없이는 갈 수 없는 길이 리더의 길이었다. "나는 날마다 죽노라"(고전 15:31). 죽어야 사는 길이 리더의 길이다. 세상 모든 리더에게 경의를 표한다. 내가 지금껏 만난 모든 영적 지도자들에게 존경과 경의를 표한다. 나 역시 나를 따르는 누군가에게 이런 존경과 경의를 받는 지도자가 되도록 힘쓸 것이다.

리더가 경계를 푸는 날, 그 순간 그는 무너지고 말 것이다. 주변에서 이런 지도자를 자주 본다. 그들 모두가 나의 반면교사다. "선 줄로 생각하는 자는 넘어질까 조심하라"(고전 10:12). 정상에서 무너진 지도자들을 많이 보았다. 다윗의 무너진 이야기를 읽고도 그 길을 가는 지도자가 있다. 왜 그럴까? 너무 어리석기 때문일까, 아니면 교만해서 그럴까. 이성의 유혹을 지도자는 항상 경계해야 한다. 이래저래 지도자의 길은 힘난하고 힘들다. 유혹도 많다. 지도자로서 유종의 미를 거두는 것보다 더 큰 영광이 없다. 흠 없이 지도자의 길을 마친 모든 지도자를 존경한다. 무탈하게 은퇴하는 지도자를 보면 정말 감동이고 존경스럽다.

12
TIME 타임

제정신으로 살 수 있을까?

마크는 전직 고등학교 교사다. 하지만 술을 끊지 못했다. 결국 술 마시고 운전하다가 사람을 치어 죽인다. 자수하여 4년 형을 받는다. 처음 경험해 보는 감옥생활. 정말 딴 세상이다. 마크는 감옥에서 상상할 수 없는 일을 겪는다. 첫 번째 감방 동기 버나드는 에이즈 환자다. 난동을 부린 일로 독방에 다녀왔다가 자살한다. 두 번째 동기는 고등학교 제자다. 친구를 살해하고 20년 형을 받았다. 더 독한 놈도 만난다. 나이가 많다고 놀려대는 젊은 수감자. 매일 점심을 빼앗고, 전화를 못 하게 방해한다. 교도관과 친하게 지낸다는 이유로 두 발에 휘발유를 붓고 불을 붙이려고 했다. 다행히 위협으로 끝났다. 마크는 생명의 위협을 느끼고 교도소에서 가장 힘센 수감자인 젝스 존슨을 찾아가 도움을 구한다. 그의 도움으로 혼란스러운 감옥생활에 안정을 찾는다. 친절하고 공평한 교도관 맥널리도 만난다. 그는 22년 모범 교도관이다. 하지만 그의 아들은 다른 곳에서 감옥 생활한다.

이 아들을 죽인다고 하면서 수감자들이 맥널리를 협박하며 마약을 교도소로 반입한다. 교도관 맥널리는 몰래 범죄를 저지르고 수감자 마크는 교도소에서 바르게 살아간다. 마크는 글을 모르는 한 수감자에게 밤마다 글을 가르치며 교도소 내 종교 모임에 참석한다.

어느 날 마크가 하루 외출하여 어느 특별한 모임에서 수감자 대표로 연설하게 된다. 예전에 도움을 준 젝스 존슨이 마크에게 마약을 반입하라고 요청한다. 마크는 갈등하다가 그의 요청을 거절한다. 이에 대한 대가는 혹독했다. 죽다가 살아난다. 글을 가르친 죄수가 그 시간 감방에 나타나지 않았다면 죽었을 것이다. 마크는 왜 마약을 가지고 오지 않았냐는 질문에 바르게 살고 싶어서라고 답한다. 바른 삶의 대가는 혹독했다. 2년이 흘러 마크는 모범수로 석방된다. 석방 절차를 밟는 사무실에서 교도관 맥널리를 만난다. 그는 죄수복을 입고 있었다. 아들을 살리기 위해 교도소로 마약을 반입하다가 발각되었다. 카메라는 이 두 사람을 클로즈업한다. 많은 것을 생각나게 만드는 장면이다.

석방 1년 후 마크는 자신이 치어죽인 남자의 아내를 만난다. 그녀에게 용서를 구하는 편지를 건넨다. 그녀는 앞으로 할 말이 있으면 자기 집으로 직접 보내라면서 주소를 알려 준다. 그녀는 말한다. 용서하고 싶지만 잘 안된다고. 마크는 부탁한다. 속죄의 길이 있으면 무엇이든지 하겠다고. 감옥생활로 속죄를 한다고 하였지만 완전한 속죄는 피해자의 용서를 받는 것이라고. 드라마는 속죄와 용서의 문제를 시청자의 몫으로 남긴다. 진정한 속죄란 무엇인가? 영국 BBC가 제작한 드라마 《TIME 타임》의 내용이다. 그리스도의 속죄와 하나님의 용서를 받은 것이 얼마나 큰 축복인지 새삼 느껴본다. 감옥에서 죗값을 치르지 않고, 그 험악한 감옥 생활하지 않고 바로 석방되어 자유롭게 살아간다. 은혜다. 우리 안에 속죄의 은총과 용서가 흘러넘쳐야 한다.

잊히지 않는 장면이 하나 있다. 자살한 에이즈 수감자, 버나드의 엄마는 매일 교도소 앞에서 1인 시위를 한다. 비 오는 날 퇴근하는 교도관 맥널리에게 따져 묻는다. 자기 아들의 죽음이 부당하니 진실을 파악해 달라고. 왜 아픈 아이를 병원에 안 보내고, 독방에 보냈냐고 따져 묻는다. 이에 그는 말한다. "이 수용소 절반이 환자요. 다들 정신 병원에 가야 해요. 교도소가 아닙니다." 그렇게 이곳은 교도소가 아니고 정신 병원 같다고. 병실도 부족하다고. 범죄보다 정신의 문제가 더 큰 문제라고. 교도소 밖도 마찬가지다. 세상도 미쳐 날뛴다. 정신적인 문제를 지닌 이들이 갈수록 늘고 있다. 정신건강신경과를 찾는 이들이 갈수록 는다. 독방을 만들어 외부 세계와 단절하며 사는 이들이 늘고 있다. 상상하지 못할 범죄들이 줄을 잇는다. 세계적으로 마약이 합법화되어 가는 추세다. 제정신으로 살아가는 이들이 과연 얼마나 될까.

거룩하게 사는 것은 어렵고, 바르게 사는 것은 혹독한 대가를 치러야 한다. 인간 속에 악마가 미쳐 날뛴다. 거라사 지방의 귀신 들린 자처럼 말이다(막 5:1-5). 귀신들이 날뛰고 춤추는 이 세속 도시에서 제정신으로 사는 것은 정말 힘들다. 이 미쳐 날뛰는 세속 도시에서 제정신으로 산다는 것은 쉽지 않다. 성령에 취하지 않고는 불가능해 보인다(엡 5:18). 그러니 두 가지뿐이다. 술에 취하든지, 성령에 취하든지. 그렇지 않으면 살기 힘들다. 라브리 공동체의 설립자 프란시스 쉐퍼 박사(1912~1984)가 던진 질문이 떠오른다. "그러면 우리는 어떻게 살 것인가?" 이 음란하고 악한 세속 도시에서 정말, 어떻게 살아야 하는가? 말씀에 취하고, 성령에 취해 사는 것이 답이다.

13
일용할 양식을 주시옵고

진짜 휴가가 무엇일까?

하인리히 벨(1917~1985)은 노벨상을 받은 독일의 유명한 소설가다. 그가 쓴 《젊은 날의 빵》이라는 책이 있다. 김세윤 교수가 쓴 《주기도문 강해》에도 각색된 내용으로 소개되고 있다. 어떤 독일 사람이 스페인에 관광을 갔다. 북유럽에 사는 사람들은 일조량이 적기 때문에 여름이 되면 지중해 연안으로 휴가 가는 것이 거의 모든 사람이 일 년 내내 기다리는 목표라고 한다. 독일에 가 보면 그런 말을 흔히 들을 수 있단다. 그렇게 독일 사람에게 무엇을 위해 일 년 내내 열심히 일하는지 물으면 스페인이나 이탈리아로 휴가 가기 위해서 일한다고 말할 정도라고 한다. 그 독일 관광객이 일 년 내내 일을 많이 해서 돈을 모아 스페인으로 휴가를 갔다. 그 아름다운 바닷가에 허름한 차림의 어부가 테가 큰 모자를 푹 눌러쓰고 배 위에서 쉬고 있었다. 이 독일 관광객은 푸른 하늘과 푸른 바다, 그리고 넓은 백사장을 배경으로 사진을 몇 장 찍고는 그 뱃사람에게 가서 묻는다.

"고기는 많이 잡았소?"

"그렇소, 고기는 많이 잡았소."

"얼마나 잡았소?"

"대구 여러 마리 잡고, 고등어 이십여 마리 잡았소."

"열 시도 안 되었는데 그렇게 많이 잡았소?"

"그렇소."

"아, 그럼 또 가서 열심히 잡지 않고 왜 이렇게 쉬고 있소? 오늘 온 종일 잡으면 적어도 서너 배는 더 잡을 것 아니겠소. 그러면 곧 얼마 안 되어 당신도 아마 훈제 공장도 차릴 수 있고 회사도 차릴 수 있을 거요."

"그래요. 그렇게 해서 훈제 공장 차리고 유통 회사 차리면 뭐 합니까?"

그랬더니 이 독일 관광객이 하는 말이, "아, 그렇게 되면 당신은 직원들에게 다 맡기고 이렇게 나처럼 아름다운 곳에 와서 바다를 즐길 수 있지 않소!"

그러니까 이 어부가 이렇게 말했다고 한다.

"아, 이보시오. 내가 지금 그렇게 하고 있는데 당신 무슨 소리 하는 거요."

참 많은 것을 생각나게 하는 이야기다. 진정한 휴가는 하루의 일과를 잘 마치고 집으로 돌아와 편히 쉬는 것이다. 절대 무리하지 않고 만족하면서 말이다. 이것이 바로 진정한 휴가요, 평안과 안식이다. 무엇보다 욕심을 좀 내려놓고 예수님이 가르친 대로 일용할 양식에 만족하고 산다면 그 삶이야말로 행복일 것이다. 그렇게 행복은 저 멀리 있는 것이 아니라 가까이에 있다. 아무리 많이 가져도 만족하지 못하는 인생은 절대 행복할 수 없다. 일상에 만족하면 행복하다.

 욕심을 좀 내려놓고 자신의 삶에 여유를 가지고 사는 것이 일상에서 누릴 수 있는 최고의 행복일 것이다. 욕심부리면서 사는 사람들 보면 딱하다. 그렇다고 하루 열 끼를 먹을 것도 아닌데 말이다. 하루에 네 가지 일을 뛰는 사람을 보았다. 돈이 왜 그리 많이 필요한지 모르겠다. 잠도 못 자면서 일만 한다고. 하루에 네 가지 일을 하니 얼마나 바쁘겠는가. 차를 운전하다가 졸기도 여러 번 했다고. 그래 그랬다. 제발 그렇게 살지 마시라고. 큰 사고 나면 어떻게 되겠냐고. 하지만 그는 계속 그 일을 계속하였다. 그의 삶이 어떻게 되었겠는가.

 욕심 내려놓자. 욕심은 망하는 지름길이다. 욕심만 좀 내려놓으면 새로운 문이 열린다. 행복과 만족의 문이 열린다. 그 길을 가도록 하자. 어떤 해녀가 지혜로울까? 욕심부리지 않고 딱 자신의 숨만큼만 물질하는 해녀일 것이다. 지나치게 욕심을 부리면 바다에서 목숨을 잃게 된다. 목숨을 잃게 되면 바다에서 딴 그 많은 전복이며 해삼이 무슨 필요가 있겠는가.

14
치매 예방

치매를 극복할 수 있을까?

치매는 삶을 힘들게 만든다. 그 대상이 사랑하는 부모이면 더욱 마음 아프다. 딸의 엄마라면 더욱 그렇다. 평생 고생하고 또 나이 들어 치매까지 걸린 어머니를 보면 딸의 마음은 어떨까. 더욱 마음이 아프다. 치매 때문에 요양병원에 입원해야 한다. 그것도 일반 병동이 아닌 치매 병동에 말이다. 그 광경을 보고 집으로 돌아온다면 딸은 많이 울 것이다. 평생 한이 될 것이다. 그 어머니가 예수 잘 믿고 신앙생활 잘하고 평생 교회를 위해 헌신하였다면 아마 그런 생각도 들 것이다. '하나님께서 왜 우리 어머니를 지켜주시지 않은 것일까?' 이런 목회 상담을 해야 하는 때도 있다. 참 가슴 아프다. 그렇다. 생로병사다. 태어나면 어느 정도 살다가 병들어 죽는다. 인생의 대서사시다. 하지만 올 때도 갈 때도 무탈하고 평안하다면 얼마나 좋을까. 특별히 이생을 떠날 때 편안하게 임종한다면 모두에게 좋을 텐데. 그런데 왜 치매라는 것이 생겨서 개인도 가족도 힘들게 하는 것일까. 왜 그렇게 총명하게 살던 부모님들이 치매에 걸리는 것일까. 왜 사랑하는 성도들이 간혹 치매로 인생을 마감하는 것일까.

늙어 죽게 되더라도 치매에 걸려 죽기는 싫다. 하지만 이것이 내 맘대로 될 리 없다. 가 봐야 안다. 태어나는 것도 내 뜻대로 되지 않는데 죽는 것이 내 맘대로 될 리 만무하다. 그저 기도할 뿐이다. 그리고 내가 할 수 있는 일이라면 치매 예방을 위해 최선을 다하는 것이다. 건강하게 믿음으로 긍정적으로 생각하면서 스트레스 잘 풀고, 찬양과 기도 많이 하고 사람들 잘 만나고 기쁘고 감사하게 살면 된다. 산이나 예배당에서 주님을 크게 부르면서 도와달라고 간구하면 치매 예방에 좋다. 그렇다면 치매라는 놈을 피해 갈 수도 있지 않을까. 그런 기대를 해 본다. 치매 걸려서 인생 마감하고 싶지 않다. 이 치매로 인하여 아내와 자녀들을 불편하게 해주고 싶지 않다. 교인들과 벗들도 불편하게 해주고 싶지 않다. 정말 깨끗하게 가고 싶다. 제정신으로 있다가 가고 싶다. 야곱처럼 제정신으로 자녀들에게 축복기도하고 유언한 후에 잠을 자듯이 생을 마감하고 싶다.

죽음은 다가온다. 세월이 흘러갈수록 죽음의 시간은 다가온다. 치매라는 놈과 싸워야 할 시간이 찾아온다. 그놈과 싸워 이겨야 할 텐데. 이길 수 있을까. 다윗이 골리앗을 물리친 것처럼 치매와 싸워 이길 수 있을까. 치매 예방을 위해 의사들이 하는 말이 있다. 손을 많이 사용하란다. 머리를 많이 사용하란다. 가능한 한 책도 많이 읽고,

글도 쓰란다. 그렇게 하면 치매 예방에 도움이 된다고. 다 맞는 말이다. 그렇게 살고 싶다. 그렇게 자기 노력이 필요하다. 인간의 노력이 얼마나 놀라운 결과를 가져오는지 우리는 알고 있다. 치매 예방을 위한 좋은 글이 있다.

《뇌에 영향을 주는 식품을 섭취하세요. 호두, 잣, 토마토, 녹차가 좋습니다. 두부, 청국장 등 콩류를 섭취하세요. 콩은 뇌 영양물질 덩어리입니다. 달걀은 완전식품입니다. 콜레스테롤 따위 신경 쓰지 말고 많이 드세요. 치아가 손상되면 바로 고치세요. 이가 없으면 치매도 빨리 옵니다. 호두를 굴리세요. 주머니에 호두를 넣고 다니며 굴리기를 하세요. 손을 많이 쓰세요. 화가는 치매가 드뭅니다. 악단 지휘자는 모두 장수합니다. 손을 많이 쓰세요. 가운뎃손가락을 마찰하세요. 뇌가 즉각 반응합니다. 뜨겁게 사랑하세요. 사랑이 뜨거우면 치매는 도망칩니다. 손이 뜨거울 때까지 비비세요. 그 손으로 온몸을 마찰하면 좋습니다. 남을 미워하지 마세요. 미움은 피에 독성물질을 만들어 냅니다. 잔소리하지 마세요. 하는 이나 듣는 이나 기가 소진됩니다. 짜증은 체질을 산성으로 만듭니다. 산성 체질은 종합병원입니다. 짜증을 줄이세요. 머리는 차게 발은 따뜻하게 하세요. 그러면 의사가 필요 없습니다. 책이나 글을 많이 읽으세요. 소리내어 읽으면 최고의 뇌 운동입니다. 웃으세요. 스트레스가 만병의 원인입니다. 글쓰기와 읽기를 생활화하세요. 뇌 운동에는 그만입니다. 많이 움직이세요. 몸도 마음도 활동이 멈추면 병들기 마련입니다. 좋은 물을 많이 마시세요. 몸도, 머리도, 마

음도 맑아집니다. 성격을 개조하세요. 낙천적인 사람은 치매에 걸리지 않습니다.》

참 좋은 글이다. 평생 곁에 두고 읽어야 한다. 지금부터 이런 생활 방식으로 살면 치매 예방에 큰 도움이 될 것 같다. 중년 이후의 삶이 더욱 건강하고 행복해질 것 같다. 갈 때 가더라도 잘 가자. 우리 모두 치매 없이 천국에 입성하자.

15
광야를 지나며

숨기고 싶은 광야의 여정이 있는가?

조회 수 1,149만을 찍고 있는 히즈윌(Hiswill)의 CCM 찬양 〈광야를 지나며〉가 며칠 전부터 생각나 계속 들었다. 가사도 좋고 곡도 좋고 노래도 잘한다. 가사가 이렇다.

"왜 나를 깊은 어둠 속에 홀로 두시는지

어두운 밤은 왜 그리 길었는지

나를 고독하게 나를 낮아지게

세상 어디도 기댈 곳이 없게 하셨네 광야 광야

주님만 내 도움이 되시고 주님만 내 빛이 되시는

주님만 내 친구 되시는 광야

주님 손 놓고는 단 하루도 살 수 없는 곳

광야 광야에 서 있네

주께서 나를 사용하시려 나를 더 정결케 하시려

나를 택하여 보내신 그곳 광야

── 성령이 내 영을 다시 태어나게 하는 곳

광야 광야에 서 있네

내 자아가 산산이 깨지고 높아지려 했던 내 꿈도

주님 앞에 내어놓고

오직 주님 뜻만 이루어지기를

나를 통해 주님만 드러나시기를

광야를 지나며"

작사자 장진숙은 아버지가 긴 투병 생활을 하시다가 일찍 돌아가셨다고. 그래서 홀로서기를 빨리할 수밖에 없었다고. 요즘 같은 세상에서도 차비가 없어서 걷기도 하고 밥값이 없어서 굶기도 했다고. 그 시간이 주님의 '만나'로만 살아가는 하루하루였다고. 주님 손을 붙잡으니 그 외롭고 고된 광야의 시간이 힘들지만은 않았다고. 장마철에 벼가 자라듯 믿음이 부쩍 자라는 훈련의 시간이 되었다고. 그런 마음을 많은 사람과 나누고 싶어서 삶의 일들을 그대로 곡으로 옮겼다고 한다. 은혜로운 찬양 한 곡은 수백, 수천 편의 설교보다 감동과 은혜를 준다. 이것이 찬양의 능력과 위력이다. 이 곡이 너무 좋아 지난 주일 설교 후에 찬양의 은사가 있는 부목사님들에게 특송을 부탁하였다. 아니나 다를까 역시 은혜의 찬양이었다.

지금 시카고에 와 있다. 7년 만에 와 보는 시카고. 미국 고향일 뿐만 아니라 예전의 광야였다. 내가 다시 태어난 곳이다. 그러기에 감회가 새롭다. 계속해서 이 찬양을 듣고 있다. 나 역시 그랬다. 주께서 나를 사용하시려 나를 더 정결케 하시려 나를 택하여 보내신 광야. 성령이 내 영을 다시 태어나게 하는 곳. 내 자아가 산산이 깨어진 곳. 높아지려 했던 내 꿈이 산산이 깨어진 곳 광야. 오직 주님 뜻만 이루어지기를 나를 통해 성령께서 역사하시기를 간구했던 광야 시카고. 이 광야에 다시 서 있다.

오래전 2005년 2월에 시카고에 입성하였다. 처음 입성할 때 모습이 눈에 선하다. 실패자로 깨어진 꿈을 가슴에 품고 차를 몰았다. 뉴저지에서 시카고로. 아무도 아는 이 없는 곳으로. 평생에 한 번도 생각지 못한 도시로. 눈앞이 캄캄했다. 하지만 찬양이 희망이 되었다. 〈내 이름 아시죠〉. 이 찬양을 듣는데 그렇게 눈물이 흘렀다. 아내와 세 자녀에게 눈물을 보이지 않으려고 검정 선글라스를 끼고 차를 몰았다. 주님께 내 이름을 꼭 기억해 달라고 구하면서. 내 인생과 목회는 주님 손에 달렸으니 선한 길로 인도해 달라고. 이 찬양도 최근에 들으며 감동의 눈물을 흘렸다. 평생 잊을 수 없는 찬양. 칠흑 같은 어두움을 그렇게 찬양을 들으며 통과했다. 이후 많은 찬양이 쓰러진 나를 세웠다. 찬양의 힘과 능력으로 일어섰다.

그리고 18년이 흘렀다. 지난 월요일 인천공항으로 가는 길을 부목사님이 운전해 주었다. 뒤에 타고 인천공항으로 향했다. 뒷자리에 앉아서 찬양을 들었다. 18년 전에는 내가 운전했는데. 주체할 수 없이 흐르는 눈물. 두 눈에서 은혜가 흘러내렸다. 나 같이 못나고 부족한 사람에게 왜 주님께서 은혜를 베푸시는지. 광야에서 끝날 수도 있었을 텐데.

각자에게 광야의 여정이 있다. 숨기고 싶은 광야의 여정. 그곳을 방문해 보자. 지난날 각자에게 주님께서 베푸신 은혜를 되새겨보자. 지나온 광야의 여정을 뒤돌아보자. 그렇지 않으면 인간은 교만해질 수밖에 없다. 역사는 인간을 겸손하게 만든다. 광야 여정의 되새김도 마찬가지다.

16
사택이 가관이었다

어떻게 광야를 통과하려는가?

2005년 2월 15일 시카고에 입성하였다. 거대한 도심을 통과하는데 두려움이 엄습해 왔다. 이 거대한 도시에 아는 사람 아무도 없는 이곳에서 과연 생존할 수 있을까. 시카고에 도착하기 하루 전 묵었던 숙소에서 심장마비가 와서 죽다가 살았다. 그분께서 살려주시지 않았다면 죽었을 것이다. 그렇게 처절한 모습으로, 실패자의 모습으로 시카고에 입성하였다. 담임목사님과 인사를 하고 사택으로 갔다.

그런데 사택이 정말 불편했다. 물이 지하수인데 유황 냄새가 난다. 화장실은 유황 성분이 묻어 색깔이 누렇다. 지하에 정수 시설이 있는데 고장 난 지 오래다. 소금으로 정화해야 하는데 소금도 없다. 이런 곳에서 2년 반을 살았다. 지금 생각해도 난감하다. 쥐도 자주 눈에 보였다. 쥐덫에 걸린 쥐를 치우고 새벽기도회에 참석하기도 했다. 한 집에 세 가정이 살았으니. 지하에는 사찰과 부목사 가정이 있는데, 딸이 셋이었다. 1층에는 나이 많은 행정 목사 한 분. 그리고 2층에 우리 다섯 식구. 불편함이 한두 가지가 아니었다. 목소리가 조금만 커도 다 들린다. 사생활이라고는 찾아볼 수 없었다. 아내에게 미안했다. 맘속으로 굳은 결심을 하였다. 다시는 실패하지 말자. 실패하면 찾아오는 것은 수치와 불편함뿐이다.

지금도 뚜렷이 기억난다. 폭우가 쏟아진 다음 날. 지하실에 사는 목사님이 지난밤 폭우로 침수된 젖은 이불과 옷들을 잔디밭 위에 놓고 말리는 장면. 그래도 우린 2층에 살았기에 폭우로 침수는 되지 않았다. 하지만 지하 1층의 상황은 달랐다. 마음이 매우 아팠다. 같은 목사인데. 그 광경을 보면서 또 다짐했다. 다시는 실패하지 말자. 꼭 성공하자. 그렇지 않으면 나도 고생이지만 가족이 더 고생한다. 그렇게 시카고에서 2009년 10월까지 시무하다가 사임하였다. 사임하고 싶었다. 그리고 1년간 트리니티 신학교에서 공부하였다. 새벽마다 집 근처에 있는 한인교회에 나가서 엎드려 기도하였다. 광야 여정과 기도는 뗄 수 없는 필연이다.

매일 찬양과 기도로 새벽을 열었다. 교인들이 다 나간 텅 빈 예배당에 무릎을 꿇고 앉아 기도했다. 찬양을 많이 불렀다. 그래야 살 수 있었다. "나의 길 오직 그가 아시나니 나를 단련하신 후에 내가 정금 같이 나아오리라." 이 찬양을 수백 번씩 불렀다. 목이 터지도록 불렀다. 집으로 돌아오는 길에 '던킨도너츠'에 들렀다. 그 맛을 잊을 수 없다. 하루의 만남이였다. 집으로 오면 세 아이를 학교에 바래다주었다. 아내와 동네 빵집에 가서 많은 이야기를 나누었다. 몇 시간씩 이야기해도 지루하지 않았다. 그곳을 잊을 수 없다. 그곳도 가 보았다. 던킨도너츠 가게는 없어졌지만 빵집은 그대로였다. 광야 여정의 오아시스다.

광야의 여정에 가장 힘이 된 것은 가족이었다. 누구보다 아내의 헌신과 지지였다. 못난 남편을 최고라고 항상 치켜세웠다. 잘될 것이라고, 아주 잘 될 것이라고, 놀라운 일을 하나님이 계획하고 계실 것이라고, 당신 같은 목사 없다고, 최고가 될 것이라고. 남편을 매일 격려했다. 지금 생각해 보면 얼마나 감사한지. 그때 아내가 광야의 이스라엘 백성처럼 원망하고 비난했다면 어떻게 되었을까. 정말 힘들었을 것이다. 힘겨운 광야 여정에 배우자가 지지해주면 이보다 더 큰 힘도 없다. 그러기에 광야 여정은 부부가 한마음으로 걸어야 한다. 기도와 말씀으로, 믿음으로 한 마음 되어야 한다. 그래야 그 힘겨운 광야를 잘 통과할 수 있다. 그렇게 우리 두 사람이 힘을 합쳐 시카고의 광야를 통과하였다.

물도 없고, 빵도 없고, 집도 없던 그 시절. 매일 만나와 메추라기를 먹고 살았던 그 시절. 많은 간증과 기적을 체험하였다. 깊은 성령의 어루만짐도 경험하였다. 겸손해지고 치유되고 회복되었다. 새벽마다 무릎 꿇고 간구한 모든 기도 제목에 그분께서 놀랍게 역사하셨던 것이다. 그렇게 시카고의 광야를 지나 가나안에 입성하였다. 그곳에서 정복 전쟁도 치렀다. 그리고 이제 시간이 흘러 편안한 가운데 다시 찾게 되었다. 광야의 여정은 고통스럽고 힘겹다. 가기 싫은 곳이다. 하지만 믿음으로 잘 걸으면 축복으로 나아갈 수 있다. 또 다른 축복의 장소다. 자기 하기 나름이다. 광야의 여정일지라도 그분을 신뢰하자. 가나안과 엘림만 생각하자. 이 광야를 지나면 상상 이상의 멋진 곳이 기다린다. 이 믿음으로 광야를 걷자. 그분께서 우리를 실망하지 않게 하실 것이다. 믿음은 그렇게 바라는 것의 실상이다. 꿈꾸고 기도하고 믿는 대로 이루어진다(히 11:1, 6).

17
나 역시 그랬다

역전이 정말 가능할까?

모세가 다시 애굽으로 돌아가라는 명령을 여호와께 받았을 때 기분이 어떠했을까? 자신이 살인을 저질렀던 장소다. 훗날 바울이 1차 전도 여행을 마치고 예루살렘으로 갔을 때 그의 심정이 어떠했을까? 쫓겨난 장소다. 사도들의 권고로 어쩔 수 없이 고향 다소로 낙향하였다. 다윗이 압살롬의 반역으로 쫓겨난 예루살렘 왕궁으로 환궁하였을 때 그의 심정이 어떠했을까? 수치와 실패한 장소다. 실패의 장소로 다시 돌아간다면 만감이 교차할 것이다. 나 역시 그랬다.

뉴저지는 실패의 추억이 있는 도시다. 맨땅에서 개척하였지만 한계를 깨닫고 문을 닫은 곳이다. 실패하고 무너진 장소다. 부끄러움과 수치의 장소다. 이곳을 2박 3일 방문하였다. 추억의 장소를 찾아서 사진을 찍었다. 기분은 영 아니었다. 실패한 장소, 무너진 장소. 못나고 약한 실상이 드러난 곳. 겉모습이 깨지고 박살 난 곳. 무능하고 별

볼 일 없는 인간임을 뼈저리게 느끼게 만든 곳. 여호와께 한 방 맞고 KO 당한 곳. 이곳을 18년 만에 찾았다. 편안함과 여유를 가지고. 몇 분 지인의 환대를 받으면서. 더 머물고 싶었지만 일정 때문에 더 머물 수 없었다.

실패자를 세우신 하나님을 찬양한다. 쓰러진 나를 세우신 여호와 하나님을 찬양한다. 무너진 자를 재활용하신 여호와를 찬양한다. 그분의 은혜에 감사할 뿐이다. 계속 실패자로 살았다면 어떠했을까. 실패는 성공의 어머니다. 그분은 실패를 통해 역사하신다. 실패를 통하여 성령께서 인도하셨다. 뉴저지에서 시카고로. 시카고에서 서울로.

스포츠처럼 목회의 현장도 치열하다. UFC처럼 치열하다. 이 치열한 경기에서 생존한 것이 은혜다. 다부지고 강하지 못하고, 식스팩 근육도 갖추지 못하고, 눈싸움도 제대로 하지 못하고, 용기도 담력도 부족한 선수인데 말이다. 그런데 이 치열한 경기를 이어가고 있으니 은혜다. 실컷 두들겨 맞은 적도 있는데 다시 일어선 맷집이 기적이다. 그분의 도움으로. 작은 자를 사용하시는 그분의 도움으로. 약할 때 강함 되시는 그분의 능력과 권세로 일어섰다. 링에서 쓰러질 때마다 그분을 붙잡았다. 십자가의 주님 바라보며 다시 일어섰다. 의인은 그렇게 일곱 번 넘어져도 다시 일어선다. 이런 십자가의 맷집으로 목회에 임했다. 숱한 강편치를 견뎠다. 심령은 갈기갈기 찢어졌다. 몸도 망가졌다. 하지만 십자가 정신으로 다시 일어섰다. 만약 예수님이

UFC 게임에 나선다면 어떤 경기를 치렀을까. 계속 참고 맞아주시다가 한 방으로 경기를 끝내지 않으셨을까. 마지막에 이기는 자가 승자다. 목회 승부도 끝까지 가봐야 한다. 마지막에 이기는 자가 승자다. 그러니 끝까지 최선을 다해야 한다. 희망과 믿음의 끈을 놓지 않고 말이다. 이것이 십자가 정신이요, 십자가의 맷집이다.

못나고 약한 놈이 이 치열한 경기장에서 아직 살아있다. 이제 남은 후반전 경기를 어떻게 치를지 그분께 간구한다. 영적 맷집을 달라고. 마지막 한 방을 달라고. 이민자들의 삶을 보면서 끈기와 근성과 맷집을 배웠다. 참는 자가 복이 있다. 영적 맷집이다. 두들겨 맞아도 다시 일어서면 된다. "대저 의인은 일곱 번 넘어질지라도 다시 일어나려니와 악인은 재앙으로 인하여 엎드러지느니라"(잠 24:16). 맷집이 강해야 한다. 그래야 남은 인생과 목회를 잘 버틸 수 있다. 십자가의 맷집으로 버티자. 예수님처럼. 그러다가 마지막에 한 방으로 경기를 끝내자. 부활의 승리. 그리고 하나님 앞에 서자.

기회를 엿보는 지혜와 감각 그리고 침착함과 냉정함이 요구되는 시점이다. 끊임없이 기회를 엿봐야 한다. 교회여, 세차게 밀려오는 세속화의 펀치에 주눅 들지 말자. 박해와 환난 앞에서도 흔들리지 말자(눅 21:10-19). 밀려오는 펀치에도 냉정을 잃지 말자. 눈을 부릅뜨고 펀치를 피하자. 상대의 허점이 보일 것이다. 그때 한 방 날려 게임을 끝내자. 상상만 해도 기분이 좋다. 이 마지막 한 방을 위해 갈고 닦자.

말씀과 기도로, 체력으로, 논리와 성령으로. 기회는 반드시 찾아온다. 마지막 한 방을 위해 십자가를 계속 묵상하자. 말씀과 기도로 심령을 갈자. 최후 승리. 부활의 승리. 역전승을 꿈꾼다. 앞으로 교회는 더 지독한 세속화와 싸워야 할 것이다. 환난과 박해는 더 심해질 것이다. 더 강한 맷집과 영성이 요구된다. 강한 자만 살아남게 된다. 믿음 있는 자만 살아남게 된다. 악의 세력이 성난 파도와 같이 밀려온다. 사탄이 우는 사자와 같이 달려든다. 교회여, 정신 차리고 항상 깨어 있도록 하자(눅 22:36). 우리 모두 힘을 모아 하나 되어 총궐기하자. 악의 세력과 맞짱 뜨자. 사탄의 세력은 대적하는 것이 최고의 공격이요 방어다.

18
하나님의 부르심

큰 후회 가운데 있는가?

"하나님의 부르심에는 후회하심이 없네

내가 이 자리에 선 것도 주의 부르심이라

하나님의 부르심에는 결코 실수가 없네

나를 부르신 하나님의 신실하심을 믿네

작은 나를 부르신 뜻을 나는 알 수 없지만

오직 감사와 순종으로 주의 길을 가리라

때론 내가 연약해져도 주님 날 도우시니

주의 놀라운 그 계획을 나는 믿으며 살리

날 부르신 뜻 내 생각보다 크고

날 향한 계획 나의 지혜로 측량 못하나

가장 좋은 길로 가장 완전한 길로

오늘도 날 이끄심 믿네"

손경민 작사 작곡 〈하나님의 부르심〉 가사다. 너무 좋아 요즘 계속 듣고 부른다. 설교 중에도 부른다. 교인들과도 설교 후에 부른다. 곡도 좋고 가사도 정말 좋다. 가사가 꼭 나를 두고 하는 말 같다. 요즘 가장 은혜가 되고 힘이 된다. 그중에 내게 좋은 부분은 마지막 가사다. "가장 좋은 길로 가장 완전한 길로 오늘도 날 이끄심 믿네"

지난 주일 혼자 산책하면서 또 한적한 곳에서 이 찬양을 정말 많이 듣고 불렀다. 너무 은혜롭고 좋다. 심신의 모든 피곤과 염려가 사라진다. 찬양이 이렇게 좋은 것이다. 마음에 드는 맛난 음식 만나도 좋지만 마음에 드는 찬양을 만나면 더 좋다. 지금도 계속 이 찬양이 생각나고 떠오른다. 가족과 지인들에게 이 찬양 공유하기를 추천한다. 한번 들어 보시라고. 너무 좋다고. 정말 성경적이라고. 위로와 정말 큰 힘이 된다고. 믿음이 생긴다.

오늘도 수요저녁예배 축도 전에 이 찬양을 함께 불렀다. 이렇게 맘에 드는 찬양을 만나면 너무 기쁘고 좋다. 이런 감동적인 찬양을 만나기 쉽지 않다. 이런 찬양 만나면 내 영혼이 기쁘고 영혼의 세포가 춤을 춘다. 찬양이 없는 신앙생활은 상상할 수 없다. 마치 사막과 같다. 하지만 찬양이 있다면 메마른 사막도 기쁨으로 걸을 수 있다. 사막도 시온의 대로로 만들 수 있다. 질병도 암도 막을 수 있다. 이것이 바로 찬양의 능력과 위로다. 아마 내게 올해 제일 큰 감동과 위로와 힘을 준 찬양을 꼽으라면 이 찬양을 꼽고 싶다. 손경민의 〈하나님의 부르심〉 내 생각보다 크신 하나님을 의지하고 따라가자고 한다. 지혜로운 삶의 방식이 아닌가. 그분의 이끄심을 믿고 살아가자고 권유한다.

지금 당신의 자리를 후회해 본 적이 있는가? 그 모든 자리는 하나님의 부르심이다. 하나님의 부르심에는 결코 실수가 없다. 하나님은 신실하신 분이다. 어떤 때에는 지금 서 있는 자리가 하나님의 부르심인지 헷갈릴 때가 있다. 하지만 믿음과 감사와 순종으로 그 길을 걸어야 한다. 분명한 하나님의 계획과 뜻이 있다. 세상에 쉬운 자리는 없다. 모든 자리가 힘들다. 중요한 것은 그 자리에서 견디는 것이다. 그래서 성경은 참는 것이 복이라고 한다. 잘 참고 견디면 복을 받게 되어 있다. 복이 달아나는 것은 참지 못하기 때문이다.

믿음과 감사와 순종으로 견디면 결국 하나님의 계획을 알 수 있다. 지금의 자리가 가장 좋은 길이라고, 지금의 자리가 가장 완전한 길이라고 고백하자. 이 얼마나 귀한 고백인가. 하나님의 손길 없이 가는 인생의 여정이 어디 있을까. 우리 삶의 모든 여정이 하나님의 손길과 그분의 인도하심으로 만들어져 간다. 인생을 만드시고, 그 걸음을 인도하시는 분은 여호와 하나님이시다. 가장 완전한 길로, 가장 좋은 길로 인도하심을 믿고 걷는다면 그 결과는 엄청난 축복일 것이다. 이 사실을 믿기에 지금의 자리가 힘들어도, 흔들려도 중심을 잡고 걷는 것이다. 확신과 믿음 속에서 걷는 것이다. 당당하게 걷는 것이다. 그 여정이 얼마나 멋진가. 모세도 여호수아도 바울도 다윗도 다 그랬다. 예수님은 말할 것도 없다.

신실하신 하나님을 찬양한다. 지금껏 내 인생 여정을 그분께서 신실하게 인도하셨다. 광야 길도, 우회 길도, 고속도로도, 진흙땅 길도, 바닷길도, 하늘길도 여호와의 섭리 속에서 걸었다. 그렇게 믿음과 소망으로 인내하면서 여기까지 왔다. 그래서 이 찬양을 부를 때면 감격뿐이다. 신실하신 여호와 하나님을 깊이 체험하였다. 작은 나를 부르시고, 인도하시고, 사용하신 하나님을 찬양한다. 앞으로도 작은 나를 사용하실 하나님을 찬양한다.

가장 좋은 길로, 가장 완전한 길로 인도하실 여호와 하나님을 바라보면 몸에 전율이 일어난다. 위대한 일, 대단한 일이 앞으로 일어날 것 같다. 하나님이 계획하신 가장 좋은 길, 가장 완전한 길의 종착역이 어디인지 기대된다. 우리 모두 이런 믿음과 기대로 살아가자. 우리를 향한 계획을 나의 지혜로 측량할 수 없다. 내 안에서 역사하실 하나님의 위대함을 바라보자. 우리 각자를 향한 크고 놀라운 계획을 믿음의 눈으로 바라보자. 주님이 날 도우시니 주님의 놀라운 계획을 믿으며 살아가자. 필시 좋은 일, 놀라운 일이 펼쳐질 것을 믿는다.

19
가치관의 액상화

많이 흔들리고 있는가?

'서울의 초중고생 12년 후에는 반 토막. 분교와 폐교 속출.' 지난주 동아일보 기사를 보고 깜짝 놀랐다. 2000년에 158만이었던 서울 초중고생이 2023년에는 78만으로 줄게 된다고. 23년 동안 무려 80만 명이 줄게 된다고. 2010년부터 2023년까지 13년 동안은 50만 명이 줄었단다. 무엇보다 서울 출산율은 지난해 0.53까지 떨어졌다. 엄청난 변화다. 비단 서울 초중고생의 학생 수뿐만 아니다. 모든 분야에서 엄청난 변화가 일어나고 있다. 코로나가 이 변화를 더욱 가속화하였다. 혼돈의 시대를 맞이하고 있다. 교회도 엄청난 변화의 쓰나미로 빨려 들고 있다. 상상 이상의 변화가 밀려오고 있다. 얼마 전 송길영의 《그냥 하지 말라》를 읽었다. 저자는 20년간 대한민국 사회의 엄청난 데이터베이스를 연구한 후에 출간하였다. 쉽지 않은 책이었다. 저자는 데이터베이스에 근거하여 혼돈의 시대를 진단하고 예견한다. 이런 내용이 실려 있다.

지금 우리 사회는 변화의 상수가 있다. 첫째, '분화하는 사회'. 혼자 살고 좀 더 작아진 집단으로 가고 있다. 둘째, '장수하는 인간'. 과거보다 훨씬 오래 살고 젊게 산다. 셋째, '비대면의 확산'. 자동화와 무인 판매 시대가 확장되고 있다. 세 가지를 늘 기억해야 한다. 나는 혼자 살 것이다. 나는 오래 살 것이다. 내가 없어도 사람들은 잘살 것이다. 무엇보다 방향이 먼저다. 그냥 해 보고 나서 생각하지 말고, 일단 하고 나서 검증하지 말고, 생각을 먼저 하라. 'Think First'가 되어야 한다.

"출근을 꼭 해야 하나요?", "학교에 꼭 가야 하나요?" 가치관의 액상화(liquefaction)다. '액상화'란 지진이 일어난 후 지반이 약해져서 기존의 건물이 서 있을 수 없을 정도로 흔들리는 상태를 말한다. 지금 우리의 생각, 기저의 가치관, 우리가 알던 믿음이 마치 지진이 일어난 후처럼 흔들리고 있다. 이 변화가 다른 것도 바꿀 것이다. 전체가 흔들리면 다 바뀌기 때문이다. 내가 준비됐으면 기회가 되고, 그렇지 않으면 위기가 될 뿐이다.

현행화, 현재를 유지하는 게 혁신이다. Brand is the Message. Content is the Message. Network is the Message. Lifestyle is the Message. Your Every Move is the Message. 남들이 하는 건 하지 않는 것, 반골이다. 나는 이것을 존재의 의미라고 말하고 싶다. 나는 다르니까. 나는 소중하니까. 이제는 벤치마킹과 카피캣은 피해야 한다.

어떤 걸 하더라도 10년은 해야 전문가가 될 테니 미루지 말고 지금 시작해 보라고 말하고 싶다.

지금부터 10년 전략은 세 가지다. 이성적 사고, 업의 진정성, 성숙한 공존이다. 변화의 시대에 자신의 주도권을 놓치지 않으려면 자신이 정말 좋아하는 것을 해야 한다. 그 일을 자기 것으로 만들어 내야 한다. 또한 재사회화와 커리어 관리가 필요하다. 재사회화는 깨어 있으려는 노력이다. 과거의 기준에 머무르지 않고 현재의 변화에 맞춰 혁신을 수용하는 자세다. 그래야 변화무쌍한 시대에 생존할 수 있다. 결국 깊게 하는 사람이 살아남는다. 변화는 빨라졌고, 미래는 당겨졌다. 이 혼돈의 시기에 어떻게 적응하고 성장할 것인가?

이 책을 읽고 떠오른 한 생각. "교회에 꼭 가야 하나요?", "꼭 예배에 참석해야 하나요?" 하지만 무엇보다 변화와 혼돈의 시대를 어떻게 분석하고 뚫고 나가는지에 대한 혜안을 준다. 교회 공동체도 어쩔 수 없다. 시대와 함께 가기 때문이다. 그렇지 않으면 도태될 수밖에 없다. 경제적으로 볼 때 교회의 상품 가치는 어마어마하다. 무한대다. 역사성과 전문성과 깊이 때문에 더욱 그렇다. 저자가 제시하는 변화의 세 가지 상수와 세 가지 10년 전략을 잘 고려하여 미래를 준비하자. 그렇게 되면 미래는 불안이 아닌 기회가 될 것이다. 체제 유지와 현상 유지도 힘들다. 변화의 물결이 세차게 밀려온다. 하루 자고 일어나면 딴 세상이다. 자신이 가장 위대한 콘텐츠이고, 메시지다. 교회 자체가 위대한 콘텐츠다. 가장 위대한 메시지다. 이 사실을 기억하고 미래를 준비해 간다면 이 혼돈의 시대를 잘 통과하지 않을까.

교회여, 메시지를 명확히 하라. 희석하지 마라. 메시지와 본질을 더욱 깊이 파자. 코로나 이후 대한민국의 교회는 가치관의 액상화로 더욱 심하게 흔들릴 것이다. 더 연대하고 연합하자. 통합의 지도력, 상호 공존의 지도력이 필요한 시점이다. 성숙한 연대와 공존을 추구하는 교회를 꿈꾼다. 교회는 한 형제요 한 가족이다. 잊지 말자. 경쟁 상대도, 적도 아니라는 사실을 꼭 명심하자. 교회여, 일어나라.

20
고마움을 몰라

마 18:21-35

2024.1.21. 주일 설교 전문

임금에게 만 달란트 탕감받은 종이 고마움을 몰라요. 고마움을 알았다면 그렇게 안 했겠죠. 백 데나리온 빚진 동료에게 빚을 갚으라고 감옥에 가두지 않았겠죠. 자기가 임금에게 그 엄청난 만 달란트 탕감받은 사실을 몰라요. 잊었어요. 그러니 친구에게 그렇게 무자비하게 하지 않았겠어요. 그래서 이 소식을 들은 왕은 어떻게 하나요. 그 종이 괘씸하고 못 됐다고 당장 데려오라고 하죠. 그리고 어떻게 하나요? 빚을 다 갚으라고 명하고 감옥에 넣어버립니다. 감옥에 가서 깨달았을까요? 깨달으면 뭐 합니까? 벌써 끝난 일인데.

하나님의 은혜에서 멀어지면 우리가 만 달란트 받은 종과 같이 됩니다. 하나님의 은혜와 사랑, 그 은혜와 용서에서 멀어지면 우리도 무자비해집니다. 무감각해집니다. 고마움을 잊어버리고 타인에게 함부로 합니다. 못되게 굽니다. 그렇게 하나님의 사랑과 용서를 받았지만 자기는 타인에게 그런 사랑과 용서를 베풀지 못해요. 왜요? 하나님의 사랑과 용서를 다 잊어버렸거나, 무감각해져서 그런 것이죠. 그리고 타인에게 무자비하게 대하고, 그 조그마한 것 하나 용서하지 못하고, 사랑 베풀지 못하고, 못되게 굴어요. 고마움을 모르니까요.

그러니 성도는 항상 고마움을 간직해야 해요. 하나님의 용서와 사랑에 대해서 특히 그렇다는 것입니다. 우리가 받은 용서와 사랑이 어떤 것입니까? 하나님의 아들 예수 그리스도의 십자가 죽음과 희생을 통해서 받은 것들이죠. 그렇게 지옥 갈 인생이, 죄와 허물이 컸던 인생이 용서받고 하나님의 사랑을 받게 되었어요. 그러니 어떻게 해야 한다는 것입니까? 더 사랑하고, 더 용서해야 한다는 것이죠. 용서는 계속해야 한다는 것이죠. 사랑이 곧 용서고, 용서가 곧 사랑입니다. 왜요? 사랑은 타인의 허물을 가려주고 덮어주는 것이니까요. 그러니 사랑이 용서고, 용서가 곧 사랑이죠. 이렇게 사랑과 용서는 손의 앞과 뒤입니다. 하나입니다.

그렇게 성도가 하나님이 베푼 사랑을 늘 기억하고, 또 그 사랑의 깊이가 넓어지고, 깊어지면 더 큰 사랑과 용서를 할 수 있다는 것입니다. 그런데 어떻습니까? 잊어버리고, 둔해지면 그 고마움을 잊고, 사람들에게 함부로 대하는 것입니다. 무자비해지고, 냉혈한이 되는 것입니다. 위에서 받은 사랑은 모르고, 사랑과 용서를 구하는 자에게 함부로 대하고 무자비해지는 것입니다. 이것이 얼마나 큰 모순인가요? 자기는 어마어마한 빚을 탕감받았는데, 100만분의 일도 안 되는 친구의 빚을 탕감해주지 못합니다. 이 얼마나 웃기는 일이고, 모순입니까? 고마움을 몰라서 그런 것이죠.

이 고마움을 모르는 사람이 또 성경에 나옵니다.

돌아온 탕자 비유로 알려진 기사에 나오는 큰아들입니다. 이 큰아들은 아버지의 고마움을 몰라요. 탕자 동생은 실컷 고생하고 실패하고, 집으로 돌아와서 그래도 깨닫습니다. 자기 아버지가 얼마나 고마운 분인지를. 아버지 집에서 받은 은혜와 사랑과 혜택이 얼마나 좋았는지를 깨달아요. 그런데 큰아들을 그렇지 못해요. 당연한 것으로 알아요. 아버지 집 재산이 전부 자기 것인 줄 착각하며 살아요. 그러니 동생을 위해서 아버지가 잔치를 벌였는데도 화를 내고 짜증 내고, 아버지에게 달려들지 않습니까. 고마움을 몰라서 그래요. 아버지에 대한 고마움이 있었다면 그렇지 않았겠죠. 이 재산이 다 아버지 것인데, 아버지께 받은 사랑이 얼마나 많은데. 그렇게 아버지에 대한 고마움이 많으므로 절대 아버지에게 함부로 대하지 못해요. 탕자로 돌아온 동생에게도 그래요. 물론 동생이 잘못했어요. 그렇다면 형이 되어서 넓은 아량과 마음으로 품어주어야죠. 그게 형이고, 형이 할 일 아닌가요? 나이만 많다고 형인가요? 마음이 넓어야 형이지요. 자고로 형은 마음이 넓어야 합니다. 제일 꼴불견이 뭔가요? 마음 좁은 형, 마음 좁은 언니 아닌가요?

바리새인들은 어떻습니까? 이들도 하나님에 대한 고마움이 없어요. 자신들을 선민 삼고, 하나님의 백성 삼아 주신 데에 대한 고마움이 없어요. 당연하다고 여깁니다. 오히려 세리 창기 병자들과 같은 자들을 정죄하고 비난합니다. 나중에는 그들을 품고 감싸는 예수님까지 공격하고 비난하고 정죄합니다. 왜 그럴까요? 고마움을 몰라서 그렇겠죠. 하나님께 선민으로 택함받은 사실에 전혀 고마움이 없어요. 다 사라지고, 당연하다고 여긴 것입니다. 그러니 성품이 잔인해졌어요. 하나님의 사랑과 은혜가 사라지면 다 그렇게 되는 것입니다. 남은 것은 껍데기와 악밖에 남지 않았어요. 교만밖에 남지 않았어요. 자기 눈에 티는 보지 못하고 날마다 상대방 눈 속의 들보만 보려고 해요. 얼마나 그 인생이 비참할까요. 눈에 뵈는 것은 상대방 눈 속의 들보밖에 없으니 말이에요. 그것도 하루 이틀이지. 상대방의 실수와 허물, 이런 것만 찾아 비난 비방 비판하려고 해 보세요. 그 사람에게 기쁨과 감사 행복이 있을까요. 고마움을 상실하고, 고마움을 모르는 부류의 신앙인입니다.

또 어떤 사람이 있을까요? 고마움을 모르는 사람. 나병환자 아홉이 그랬죠. 예수님이 열 명 나병환자를 고쳐주었는데, 고맙다고 예수님에게 찾아온 사람은 딱 한 사람뿐이었어요. 그 아홉은 감사를 전하러 오지 않았어요. 정말 고마움을 모르는 사람들이죠. 이런 사람들은 병 고쳐주지 말아야 하지 않았을까. 고마움을 모르는 사람에게 배려하거나, 투자할 이유가 없어요. 고마움도 모르고, 뭐든지 당연하다고 여기는 사람들이 있죠. 세상에서는 이런 사람을 향해서 '싸가지가 없다'라고 합니다. 이런 싹수도 없는 인간이 있어요. 고마움을 몰라요. 부모에 대한 고마움, 스승에 대한 고마움, 직장 상사에 대한 고마움, 목회자에 대한 고마움, 은혜를 베푼 이들에 대한 고마움 등, 고마움을 모르는 이들이 있어요. 공동체에 이런 고마움을 모르는 사람들이 많으면 그 공동체는 어떻게 될까요? 아주 삭막해지겠죠. 무자비해지고, 잔인해지겠죠. 그곳에 무슨 사랑이 있으며, 그곳에 무슨 용서와 자비가 있을까요. 약육강식뿐입니다. 다 잘 났다고 큰소리치는 사람들뿐일 겁니다.

또 어떤 사람이 있을까요? 선민 이스라엘 백성도 그랬죠. 별 볼 일 없는 자신들을 선민 삼아 주었는데, 그리고 큰 강국을 만들어 주었는데, 그 여호와 하나님의 은혜와 사랑과 용서를 깨닫지 못하고 교만하여 자기 마음대로 살았죠. 전부 자신들이 잘 나서 그렇게 큰 나라와 부와 강국을 이룬 줄 알고 말입니다. 결국 어떻게 되었나요? 망했죠. 고마움을 모르면 망하는 길밖에 없어요.

삼손도 자신이 받은 엄청나게 무시무시한 그 힘을 하나님께서 주신 것으로 알았다면 이상한 사사가 되지 않았을 겁니다. 그에게 있는 것은 괴력뿐입니다. 특별한 도덕과 윤리도 없어요. 사람 죽이는 힘뿐입니다. 이성에는 또 얼마나 약했습니까? 그러다가 들릴라에게 속아 넘어가 적에게 잡혀서 머리카락 다 깎이고, 나귀처럼 맷돌을 돌리면서 살았죠. 물론 나중에 머리카락이 자라서 죽기 전에 위대한 일을 하고 죽었지만 말입니다. 남들이 가지지 못한 무한대의 힘과 전투력을 가진 삼손이 자신에게 있는 그 능력이 하나님으로부터 왔다는 고마움을 자각하고 평생 그 은혜 가운데 살았다면 더 멋있고 훌륭하고 본받을 만한 사사가 되지 않았을까요.

고마움을 잊어버려서, 고마움을 몰라서 추락하는 인생, 안타까운 인생을 사는 이들이 많아요. 성경 속에도 많고, 성경 밖에도 많습니다. 우리 주변 일상의 인물들 가운데도 많습니다. 다 자기가 잘나서 잘 된 줄 알아요.

그런데 다윗은 달랐어요. 요셉도 달랐어요. 바울도 달랐어요. 그들은 고마움을 알았어요. 하나님에 대한 고마움을 늘 간직하면서 살았어요. 그래서 그것이 신앙의 원동력이 된 것이죠. 부족한 자신을 택하여 위대한 일을 맡기신 그 하나님의 은혜와 사랑, 그리고 용서가 정말 고마워서 감격하며 살았어요. 그 감격이 일상 속으로 흘러가게 했어요. 결국 하나님의 은혜와 사랑에 대한 고마움이 그들을 위대한 신앙의 사람으로 만들었다는 것이죠.

요한계시록에 나오는 초대 일곱 교회를 보세요. 한 교회 빼놓고 거의 다 이 고마움에서 멀어졌어요. 하나님의 은혜에 대한 고마움에서 멀어지고, 잊어버렸어요. 그러다가 다 추락하게 되었어요. 하나님의 칭찬은 오간 데 없고 책망받는 교회가 되어 버렸어요.

저도 살다 보면 고마움을 표해야 할 분을 만납니다. 그분들이 베푼 은혜와 사랑과 호의에 대해서 제가 고마워할 것이 참 많아요. 평생 잊지 않으려고 해요. 또 제가 은혜를 베푼 사람도 있어요. 뭐 그렇게 크지는 않지만. 그런데 딱 두 부류입니다. 고마움을 아는 사람과 그렇지 않은 사람입니다. 고마움을 기억하는 분과 그렇지 않은 분입니다. 별거 아닌데도 고마움을 표하는 분이 있어요. 그런데 전혀 고마움과는 상관이 없는 분도 있어요. 아마 여러분에게도 마찬가지일 것입니다.

요나는 정말 이상한 인물입니다. 하나님이 물에 빠진 자기를 살려

주었는데, 나중에 그 고마움을 잊고 하나님께 불평을 늘어놓습니다. 니느웨 백성을 구원해 주신다고. 왜 그럴까요. 고마움을 몰라서 그런 것이겠죠. 자신과 자기 민족을 대단한 것으로 착각했나 봅니다. 옛 시절을 몰라요. 그 조상들이 얼마나 죄와 허물이 많은 백성인지. 고마움과는 거리가 먼 족속인지 몰랐어요.

성경에 보면, 고마움을 모르는 종 때문에 죽은 주인들도 많이 나옵니다. 그들의 반란과 쿠데타로 죽은 주인이나 왕들도 많습니다. 역사 속에 이런 일들이 많이 일어났어요. 고마움을 모르면 그를 사람이라 할 수 있을까요. 동물도 주인에 대한 고마움을 알아요. 그 고마움 때문에 목숨을 바치기도 하죠. 그런데 사람은 그런 주인에게 칼을 들이댑니다.

압살롬을 보세요. 형을 살인한 자기를 사면해서 살려주었는데, 아버지 다윗 왕의 은혜와 용서에 대한 고마움을 모르고 아버지를 상대로 반란을 일으켰죠. 아버지 목에 칼을 들이대고, 아버지를 왕궁에서 쫓아내고, 아버지의 후궁들과 백주에 성 위에서 천막을 쳐 놓고 놀아났습니다. 이런 불효자가 세상에 어디 있을까요. 개망나니 아니겠어요. 결국 비참한 최후를 맞이하죠. 고마움을 모르는 인간의 최후가 이렇지 않을까요.

하나님에 대한 고마움을 우리는 절대 잊지 말아야 합니다. 우리가 이 자리에 예배자로 있는 것은 모두 다 하나님의 사랑과 용서와 은혜 때문입니다. 이 사실을 평생, 영원히, 순간순간 기억해야 합니다. 내가 갑이 되고, 내게 힘이 있을 때 더 이 사실을 기억해야 합니다. 또 내가 상대방의 허물과 실수에 대해서 분개할 때 더 이 사실을 기억해야 합니다. 하나님에 대한 고마움을 떠 올려야 합니다. '하나님께 나는 만 달란트 이상 탕감받았는데, 십자가의 사랑이라는 은혜를 입고 사는데, 죄와 허물을 다 용서받았는데.' 이런 고마움을 늘 간직하고 살면서 살아야 한다는 것이죠.

하나님의 은혜와 사랑, 하나님의 은혜와 용서에 대한 고마움이 우리 가운데 풍성하고 충만해지길 원합니다. 하나님의 은혜로, 하나님의 사랑과 용서로 다시 거듭나는 교회 되길 원합니다. 하나님에 대한 고마움이 저 멀리 가 있다면 가까이 오게 만들어야 합니다. 하나님의 은혜에 대하여, 그분의 사랑과 용서에 대하여 무감각해졌다면 다시 그 허물을 벗고, 새롭게 거듭나야 합니다. 그것이 교회가 다시 일어나는 힘입니다. 은혜의 힘, 사랑과 용서의 힘이 없다면 교회는 일어나도 문제일 것입니다.

멀어진 하나님의 고마움, 희미해진 하나님에 대한 고마움, 굳어지고 딱딱해진 하나님에 대한 고마움이 회복되고, 새롭게 되는 은혜가 우리 교회 가운데 충만해지면 얼마나 좋을까. 가득 차게 되면 얼마나 좋을까. 그 고마움의 은혜가 기관과 부서마다 흘러넘치게 되면 얼마나 좋을까.

이야기 하나하고 설교를 마칩니다. 우리가 '랍스터'라고 부르는 바닷가재는 스물일곱 번 껍질을 바꾼다고 합니다. 어느 책에서 저자는 이 부분에 대해서 이렇게 글을 적고 있습니다.

《우리가 랍스터라고 부르는 바닷가재는 딱딱한 껍질 안에서 사는 부드럽고 말랑말랑한 생명체이다. 그 딱딱한 껍질은 절대로 커지지 않는다. 바닷가재가 성장함에 따라 그 껍질이 몸을 점점 조여 오고, 당연히 바닷가재는 매우 불편한 상황에 놓이게 된다. 그렇게 되면 바닷가재는 포식자의 위험으로부터 자신을 보호할 수 있는 안전한 바위 밑으로 들어간다. 그곳에서 자신의 껍질을 벗고 새로운 껍질을 만든다. 하지만 바닷가재는 계속 성장하기 때문에 얼마 지나지 않아 그 껍질마저 불편해진다. 그러면 또다시 바위 밑에서 껍질을 벗고 새로운 껍질을 만든다. 이 과정을 스물일곱 번 반복한다. 자신도 모르게 계속 자라고 있으므로 바닷가재는 전에는 자각하지 못하던 압박감과 불편함을 느끼게 되고, 이 불편함이 탈피와 성장의 계기가 되는 것이다. 자신의 그러한 느낌을 부정하고 원래의 일상으로 돌아간다면 성장을 멈추는 것이 된다.》

어떻습니까? 오랫동안 우리는 불편하고 딱딱한 껍질을 바꾸지 않고, 계속 예전의 껍질을 뒤집어쓴 채 주님을 섬기고 있지는 않은지. 우리의 성장을 방해하는 예전의 껍질에 함몰되어 있지는 않은지. 좀 불편하다고 새로운 껍질 만드는 것을 거부하고 있지는 않은지. 그렇게 날마다 말씀과 기도로 우리 심령이 새롭게 됨과 거듭남을 방치하고 있는 것은 아닌지. 옛 껍질에 만족하면서 성장 없는 아주 불편하고도 기형적인 신앙생활을 이어가고 있는 것은 아닌지. 하나님의 고마음에 대한 업그레이드 없이, 새롭게 됨도 없이, 과거의 은혜라는 껍질 속에 자신을 숨기면서 살고 있지는 않은지. 딱딱하고 굳어진 껍질이 무엇인가요? 굳어진 생활 습관, 고정관념, 익숙한 방식, 믿음이 아닐까요. 고마움과는 전혀 거리가 먼 삶의 방식과 자기 의와 교만이 아닐까요.

저와 여러분은 지금까지 별 도움이 안 되는 딱딱하고 굳어진 신앙생활의 껍질, 신앙 성장과 성숙을 막는 그 껍질을 몇 번이나 바꾸었나요? 하나님의 은혜, 하나님의 사랑과 용서에 대한 고마움을 잊은 우리, 그 고마움에서 멀어진 우리, 그 고마움이 변질되었다면, 그 고마움을 업그레이드 한번 시키지 못했다면, 그 고마움이 새롭게 되고, 탈바꿈되는 은혜와 역사로 충만하면 얼마나 좋을까요. 오늘 이 시간 그렇게 새롭게 거듭나는 고마움과 은혜로 충만하게 되시기를 축원합니다.

셀라하마느곳의 은총

1947 보스톤 가난한 시절을 잊었는가?
출세한 돌과 산초 감사할 근본 이유가 있는가?
본이 되는 삶 존경받고 있는가?
내 인생의 히딩크 그리운 사람이 있는가?
물 위를 걷고 싶은가? 두 가지만 따르면 가능하다
독서의 기쁨 어디에서 기쁨을 얻는가?
그대는 매일 듣는가? 최고의 베스트셀러에 귀를 기울이자
원씽 THE ONE THING 진짜 하고 싶은 일이 무엇인가?
호랑이와 당나귀 어리석은 자와 꼭 다투어야 할까?
셀라하마느곳의 은총 삼상 23:24-29

21
1947 보스톤
가난한 시절을 잊었는가?

오랜만에 재미있는 영화를 봤다. 눈시울을 적시면서. 몇 번은 눈물을 흘린 것 같다. 감동적이었다. 《1947 보스톤》이다. 서윤복 선수가 1947년 미국 보스톤 마라톤 대회에 출전하여 우승하는 장면을 감동적으로 그려냈다. 우리의 기억 속에 잊혀 가는 미군정 시절. 당시 한국은 지구상에 가장 못사는 나라였고 난민국의 지위였다. 이로 인해 하마터면 보스톤 마라톤에도 성조기를 달고 미군정 대표로 출전할 뻔했다. 하지만 손기정 감독은 이에 분개하며 기자 회견을 자청하고 성조기를 달고 출전한다면 참가하지 않겠다고 선언하였다. 그러면서 손 감독은 자신의 이야기를 한다. 자신은 일본 선수로 출전하여 베를린 올림픽에서 우승하였다고. 하지만 시상식대 위에서 손으로 일장기를 가린 이유로 이후 일본마라톤 협회로부터 마라톤 선수 자격을 박탈당했다고. 이 이야기를 기자들 앞에서 독립된 나라인 대한민국 마라톤 선수가 또다시 다른 나라 국기를 달고 뛰는 일이 없도록 도와 달라고 호소하였다. 이것이 보스톤의 자유 정신이며 마라톤의 정신이라고 강력하게 호소하였다. 이에 그 기자 회견에 모인 협회장과 기자들이 감동하여 태극기를 달고 출전하도록 허락하였다. 대회 결과는 예상을 깨고 서윤복 선수가 우승하였다. 당시 세계최고기록이었다. 코치 겸 선수로 참석한 베를린 올림픽 마라톤 동메달리스트인 35세인 남승룡 선수는 마라톤 선수로서는 고령에도 불구하고 12위에 올랐다. 이 일로 가난과 미군정 속에서 살던 대한민국 국민에게 꿈과 희망과 기쁨을 안겨주었다.

하정우가 손기정 역을 맡았고, 임시완이 서윤복 역을, 또 배성우가 남승룡 역을 맡았다. 다들 연기를 잘하였다. 서윤복 역을 맡은 임시완의 연기는 대단히 돋보였다. 가난한 삶을 산 서윤복. 병든 홀어머니를 봉양하며 학창 시절을 보낸 서윤복. 아픈 어머니를 위해 높은 산길을 앞마당처럼 뛰어다녀야 했던 서윤복. 이 서윤복의 어린 시절과 학창 시절을 배우 임시완은 감동적으로 연기하였다. 그의 연기력 때문에 몇 번이나 눈시울을 붉혔다. 무엇보다 이렇게 잘 사는 대한민국이, 세계 10대 경제 강국이 된 대한민국이 과거 1947년에는 난민국 지위였다는 사실. 이 사실로 인하여 많이 울었다. 난민국이 이제 세계 강국이 되었다. 이 얼마나 감사한지. 역사는 이렇게 잊힌 것을 감사하게 만든다. 1947년의 대한민국을 생각하면 감사할 것이 얼마나 많은가. 대한민국이 얼마나 잘 사는지 모른다. 그러니 그 가난한 시절을 생각하면서 대한민국이 하나가 되면 얼마나 좋을까. 특별히 정치권이 그렇게 되면 얼마나 좋을까. 겸손하여 국민을 생각하고, 자신들의 특권을 내려놓는 정치인과 지도자들이 많아지면 얼마나 좋을까.

교회도 마찬가지다. 못 살던 시절을 생각하면 감사뿐이다. 1947년의 한국 교회는 어떠했을까. 남한은 특히 어떠했을까. 해방 후 미군정의 통치를 받던 때 남한의 교회는 어떠했을까. 동도교회도, 충현교회도, 삼일교회도 설립되지 않았다. 일제 치하 때 감옥에 있던 성도들이 풀려나 교회 재건에 힘을 썼을 것이다. 신사참배를 반대하여 옥에 갇혔던 출옥 성도와 그렇지 못한 성도들 간에 갈등도 있었을 것이다. 박형룡 목사 측과 김재준 목사 측의 대립도 있었을 것이다. 교회 정체나 교권 쟁탈전으로 혼란과 갈등이 많았을 것이다. 다 가슴 아픈 교회의 역사다. 그렇게 교회도 가난했고 혼란스러웠다. 이런 생각을 하면 오늘날 한국 교회가 얼마나 감사한지 모른다. 세계교회 역사에 유례가 없는 일이다. 그렇게 한국 교회는 축복받았다. 그러니 1947년의 대한민국과 교회를 생각하면 감사뿐이다. 하나님의 은혜다.

《1947 보스톤》을 보면서 오늘과 현재가 고마워 눈물을 흘렸다. 가난의 역사를 회상할 수 있어 감사했다. 조국의 과거를 생각하면 감사와 눈물뿐이다. 개인과 교회의 역사도 마찬가지일 것이다. 한국 교회여, 배고프고 가난했던 시절을 절대 잊지 말자. 대한민국도 한때는 난민국 지위에 있었다는 사실을 절대 잊지 말자.

22
출세한 돌과 산초

감사할 근본 이유가 무엇인가?

점심을 먹는데 앞에 앉은 부목사님이 조그마한 돌을 호주머니에서 꺼내 물티슈로 열심히 닦는다. 신기해서 물었다. 뭐길래 그렇게 돌을 열심히 닦느냐고. 그랬더니 문경새재 다녀오면서 길에서 주운 돌이란다. 돌이 예뻐서 하나 주웠다고. 왜 주웠냐고 물으니 책장 넘길 때 사용하려고 주웠단다. 그 말을 들으니 흥미로웠다.

그래서 내가 그랬다. "아니 이 돌 정말 출세했네. 주인 잘 만나서 서울 가겠네. 서울 가서 주인 사랑 받으며 좋은 집에서 주인과 함께 책을 읽겠네. 주인을 돕겠는데." 그러면서 한 마디 덧붙였다. "이 돌을 보니 꼭 나 같아요. 나도 이랬어요. 이 돌처럼 별 볼 일 없었지요. 그런데 하나님께서 버려진 나를 주워서 이렇게 쓰고 계세요. 여태껏 그분에게 쓰임 받고 있어요. 그러니 얼마나 감사한지 몰라요." 이후 그 출세한 돌과 함께 기념사진 한 장을 찍었다.

주인에게 충성하는 돌이 되려고. 주인을 기쁘게 하는 돌이 되려고.

돌 하나 때문에 중요한 영적 원리를 깨달아 뿌듯했다. 힘든 한 해였다. 몸도 마음도 지쳤었다. 뭐 하나 뜻대로 되지 않아 힘들었다. 코로나로 더 힘들었다. 하지만 이처럼 부족한데도 그분은 여전히 나를 사용하신다. 나를 고치고 다듬어 쓰시는 하나님이 너무 감사하다. 부족한 자를 여전히 사용하시는 주님의 은총을 찬송한다. 저 돌처럼 주인의 마음을 시원케 하고, 주인의 귀여움을 받는 돌과 같은 충성스러운 주의 종이 되어야 하겠다고 다짐해 본다.

이른 아침 온천욕을 마치고 혼자서 근처 추어탕 식당으로 갔다. 추어탕 한 그릇을 시켰다. 너무 뜨거워 바로 먹을 수 없어서 접시에 담았다. 추어탕에 들깻가루와 산초 가루를 넣었다. 산초가 코를 자극하여 입맛을 돋운다. 향이 너무 좋다. 먹을 때마다 산초 가루를 조금씩 넣으면서 먹었다. 먹는데 갑자기 천국 계신 아버지가 생각났다. 아버지가 제일 좋아했던 산초, 추어탕을 드실 때마다 항상 산초 가루를 넣고 드셨다.

그 생각에 산초 가루가 더 좋다. 계속 뿌리면서 추어탕을 먹었다. 아버지가 생각나고, 보고 싶고, 함께 여기서 온천도 하며 추어탕도 함께 먹고 싶고 그랬다. 산초 가루 때문에 천국 계신 아버지가 보고 싶다. 음식은 추억이다. 사랑하는 이를 떠올리게 만드는 신비적인 힘을 지닌 것이 음식이다. 산초 가루를 잊을 수 없다. 산초 가루와 추어탕을 기념으로 사진 한 장 남겼다.

숙소를 정리하고 내려오는데 엘리베이터가 내려가지 않는다. 버튼을 누르지 않아서였다. 바보가 된 것처럼 혼자 웃었다. 엘리베이터를 타면 뭐 하나? 작동 버튼을 누르지 않고 있는데. 매사가 그렇다. 기도도 그렇다. 가만히 하늘만 쳐다보면 뭘 하겠는가? 움직여야 한다. 구하고 찾고 두들겨야 한다. 실행하고, 버튼도 눌러야 한다. 모험해야 한다. 뛰어들어야 한다. 생각이 실행으로 옮겨져야 한다. 그래야 뭔가 이루어진다. 예전에 ATM 기기 앞에서 현금 찾으려고 모든 단계를 다 실행한 후에 한참을 기다렸다. 그런데 돈이 나오질 않는다. 알고 보니 OK 버튼을 누르지 않은 것이다. 혼자 얼마나 웃었는지.

얼마 전이다. 유료 주차장에서 나가기 전에 주차비를 정산하려고 주차 정산기 앞에 섰다. 그런데 정산기 화면이 완전히 먹통이다. 검었다. 스크린의 글씨가 하나도 보이질 않는다. 이런저런 버튼을 다 눌렀지만 그대로다. 고장이 났구나. 약속 때문에 빨리 나가야 했다. 그런데 이게 웬걸? 검정 선글라스를 쓰고 주차 정산기를 작동한 것이었다. 그러니 하나도 안 보일 수밖에. 선글라스를 벗으니 모든 게 정상이었다. 내가 문제였다. 이런 문제투성이인 나를, 이렇게 바보스러운 나를, 기계 하나 제대로 작동시키지 못하는 못난 나를, 매사에 2% 부족한 나를 하나님께서 쓰시겠다고 선택하여 불렀다. 얼마나 고마운지. 문경새재의 작은 돌처럼 말이다.

찬양이 떠 올랐다. 손경민 목사가 작사 작곡한 〈하나님의 부르심〉

과 〈감사〉다. 곡도 좋고, 가사도 얼마나 좋은지. 딱 나 자신을 위해 만든 곡 같아서 좋다. 작은 나를 부르신 뜻을 알 수 없다. 하지만 오직 감사와 순종으로 주의 길을 갈 것이다. 때론 내가 연약해져도 주님 날 도우실 것이다. 주의 놀라운 그 계획을 나는 믿으며 살 것이다. 내가 여기까지 온 것도 은혜다. 나를 향한 주님의 사랑이 너무 감사하다.

모든 것이 주님의 은혜다. 지금껏 이 작은 나를 하나님께서 쓰고 계시니 너무 감사하다. 몸 둘 바를 모르겠다. 어찌 이 은혜를 갚아야 할지. 세월이 갈수록 허물과 부족함뿐이다. 약하고 부족한 자를 사용하신 하나님께 감사하다. 보잘것없는 무능한 자를 친구 삼아 주신 예수님께 감사하다(요 15:15). 감사뿐이다. 나를 사랑하신 주 사랑이 너무 감사하다. 나를 여태껏 인도하신 주 사랑이 너무 감사하다. 내게 주신 모든 것 감사하다. 때론 가져가신 것도 감사하다. 장미꽃의 가시도 감사하다. 실패도 아픔도 고난도, 이름 모를 고통도 모두 다 감사하다. 고난을 통해서 깨닫게 하신 것 더욱 감사하다. 무엇보다 여기까지 오게 하신 것 감사하다. 내가 여태껏 하나님의 손에 붙들려 쓰임 받고 있다는 사실이 너무나 감사하다.

23
본이 되는 삶
존경받고 있는가?

　한국유리공업 창설자인 최태섭 장로. 그는 해방 당시에 만주에서 사업을 벌이고 공장을 운영하고 있었다. 그런데 그 지방에 공산당원들이 들어와서 인민재판을 하였다. 기업체 사장들을 비롯해 부자들을 전부 운동장에 모아놓고는 그 밑에 있던 사람들이 쭉 둘러서서 인민재판을 열었다. 공산당 재판 책임자가 이 사람은 어떤 사람이냐고 물으면, 거기 모인 사람들이 죽여야 한다고 하면 그냥 처형하는 식이다. 최태섭 장로는 한국 사람으로서 공장을 운영하다가 그만 이 인민재판을 받게 된 것이다. 그때 본인은 '난 이제 죽었구나. 내 인생이 끝났구나' 생각했었단다.

　드디어 최태섭 장로의 차례가 왔다. 책임자가 이 사람은 어떤 사람이냐고 사람들에게 물었다. 그러자 갑자기 거기 모인 사람들이 다 조용한 가운데, 한 중국 사람이 "이분은 우리 집 형편이 정말 어려워서 아들을 학교에도 못 보내고 병원에서 고생할 때 도와준 분입니다. 그러니 그분은 살렸으면 좋겠습니다"라고 했단다. 한 사람이 그렇게 말하니까, 그 옆에 있던 사람들이 다 그렇다고, 그분 참 좋은 분이라고 거들었단다. 그렇게 최태섭 장로는 살아났다고 한다. 최태섭 장로는 해방 후에 남한에 와서 사업을 했다. 하지만 절대로 사업 성공 자체를 목적에 두지 않았다. 자신의 능력이 미치는 데까지 사원들을 도와주고, 그들이 행복하고 인간답게 살도록 해주는 것이 사업의 첫 번째 목적이었다고 한다. 본이 되는 삶이다.

목사의 큰아들로 태어난 슈바이처도 마찬가지다. 목사 생활을 하다가 가난하고 병든 아프리카 사람들의 소식을 듣고 이들을 돕기 위해 의사가 되어 서부 아프리카, 지금의 가봉으로 가서 평생 이들을 의술로 섬겼다. 그러다가 그의 나이 90세에 평소 그가 사랑하던 음악가 바흐의 음악을 들으면서 1965년 랑바레네에서 숨을 거두었다. 가난하고 병든 자들을 돕고 헌신한 삶이 행복했다고 고백하면서 생을 마무리한 것이다. 얼마나 멋진 삶인가. 얼마나 하나님께서 이런 죽음을 귀하게 보셨겠는가.

알베르트 슈바이처 박사가 세상 떠나기 얼마 전에 프랑스의 친구에게 보낸 편지에 이런 내용이 담겨 있다. "나는 이제 나이가 많아 나에게 맡겨진 일을 더 이상 할 수 없게 됐습니다. 혹시 당신이 미처 이 편지를 받아보기 전에 내가 세상을 떠났다는 소식이 전해질지 모릅니다. 만약 그렇게 되더라도 나를 위해서 기뻐해 주십시오. 나는 30세에 시작하여 60년 동안 불행한 환자들을 위해 끝까지 봉사할 수 있게 해주신 주님께 감사드립니다. 나는 참 행복했습니다." 본이 되는 삶이다.

미국의 땅콩 박사로 잘 알려진 조지 워싱턴 카버 박사님을 연상케 하는 이야기다. 최초의 흑인 농학 박사로 19세기 말과 20세기 초에 죽어가는 미국의 남부 농업을 살린 위대한 흑인 박사다. 독실한 기독인으로 땅콩을 연구 개발하여 죽어가는 남부의 농업 경제를 살렸다. 그는 봉사 자체가 인생 최고의 행복이요, 보람이라고 하였다. 그렇게 평생 봉사하는 심정으로 살았다. 얼마나 검소했는지 옥수수 가지를 넥타이 삼아 목에 감고 강의하였다. 얼마 안 되는 교수 봉급을 모아서 흑인 학생들 장학금으로 지급하였다. 본이 되는 삶이다.

심방을 갔다. 최근에 미망인이 된 어느 성도의 가정을 심방하였다. 두 달 전에 돌아가신 남편 이야기를 하신다. 남편은 대단한 분이시다. 의료계 역사의 한 획을 그은 분이시다. 그런데 이 남편은 아침마다 근처 대학 운동장을 돌면서 운동하였단다. 운동을 마친 후에는 운동장 근처에서 잡초를 뽑고 쓰레기를 주웠단다. 그래서 동네 주민들은 이분이 학교 청소부인 줄 알았다고 한다. 그런데 나중에 이분이 의사이며, 유명 병원 병원장이요, 기독인이라는 사실을 알게 되었단다. 이후 동네 주민들이 이분을 그렇게 존경했다고 한다. 이 이야기를 듣고 감동을 크게 받았다. 본이 되는 삶이다.

우리 기독인의 삶이 이래야 하지 않을까. 말없이 섬기고 우리 사회의 빛과 소금이 되는 존재 말이다. 강도 만나 신음하는 사람을 아무런 대가 없이 도와주고 섬겨주는 그런 사람 말이다. 그렇게 본이 되어 산다면 세상 사람들로부터 기독인들이 모두 존경받을 것 같다. 자기 맡은 일에 조용히 최선을 다하고, 이웃을 위해 말없이 소리 소문 없이 섬기고 봉사하는 기독인이 많아지면 우리 사회도 밝아질 것이고, 교회에 대한 세상 사람들의 인식도 좋아질 것이다. 어디서나 본이 되는 기독인으로 살자. 성경은 모든 기독인에게 본이 되라고 권한다. 본이 되는 삶을 살고 있는가?

24
내 인생의 히딩크

그리운 사람이 있는가?

JTBC 〈뭉쳐야 찬다3〉(이하 뭉찬3) 네덜란드 편의 유튜브 영상 클립을 보고 많이 울었다. '어쩌다벤저스' 감독 안정환이 PSV 구장에서 〈뭉찬3〉 선수들과 히딩크를 만나는 장면이다. 관중석에 있는 히딩크 감독을 보고 안 감독이 파더(아버지)라고 부르며 그에게 올라간다. 두 사람이 포옹한다. 가슴이 뭉클했다. 대한민국 국민이라면 누구나 다 아는 2002년 6월 월드컵 4강 신화. 두 사람이 포옹하는데 왜 눈물이 나는지. 안 감독은 다리가 불편한 히딩크의 손을 잡고 부축해서 내려온다. 모두가 라커룸으로 이동한다. 중앙에 김남일, 안정환, 히딩크가 앉았다.

〈뭉찬3〉 감독 안정환이 히딩크에게 선물을 준비했다며 공개한다. 박항서였다. 2002년 국대 코치였던 박항서. 베트남의 히딩크가 된 박항서 감독. 두 사람이 만나 포옹한다. 22년의 세월이 흘렀다. 네덜란드에서 22년 전 국대 감독과 코치가 상봉한다. 박 감독은 너무 기뻐서 눈물을 흘린다. 히딩크에게 가장 많이 도움을 준 사람이 박 감독이었다며 극찬과 고마움을 표시한다. '나의 친구'라고 부르며 환대한다. 박 감독은 히딩크의 손을 잡는다. 자기 얼굴을 그의 손에 가져다 댄다. 또 눈물이 난다. 왜 그럴까?

이들의 반가운 상봉을 보면서 만나고 싶은 사람 때문이다. 아버지다. 왜 그렇게 아버지 생각이 나는지. 보고 싶다. 안 감독이 히딩크가 너무 좋아 파더(아버지)라고 불렀다. 아버지는 내 인생의 스승이요, 감독과 코치였다. 또 친구였다. 어떤 때엔 무섭게, 어떤 때엔 다정하게 많은 것을 가르쳐 주었다. 소화하기 힘든 것도 있었다. 아버지의 기대치가 워낙 높아서. 아들은 아버지의 기대에 못 미쳤다. 아들이 부족해서. 그런데도 아버지는 아들을 향한 기대치를 내리지 않았다. 강한 훈련을 받았다. 인생에 가장 큰 영향을 준 사람, 마이 파더. 내 인생의 히딩크가 아버지다. 천국에 계신 파더가 그렇게 보고 싶다. 그의 품에 안기고 싶다. 그 영상을 보면서 마음으로 아버지를 여러 차례 불렀다. 하지만 아버지는 대답이 없으시다.

아버지와의 마지막이 떠오른다. 서울서 힘겹게 목회할 때다. 몸이 아프신 아버지를 뵈러 월요일 쉬는 날에 시간이 날 때마다 부산에 내려갔다. 온 가족이 함께. 그날 거실에 앉아 계신 아버지의 두 다리를 주물러 드렸다. 너무 마르셨다. 암 수술 후에 20킬로가 빠졌다. 그렇게 다리를 주무르는데 아버지가 그러신다. "옥 목사, 오늘은 좀 자고 가면 안 되겠니?" 아버지가 자고 가라고 한 것은 그때가 처음이다. "오늘은 너하고 좀 더 있고 싶은데 자고 가면 좋겠구나." 그런데 다음 날 중요한 약속이 있어 어렵다고 했다. 아버지는 "그럼, 어쩔 수 없지"라고 하셨다. 그것이 아버지와 마지막이었다. 지금도 아버지를 생각하면 그때가 후회된다. 그날 아버지께서 자고 가라고 하셨을 때 자고 갔으면 좋았겠다. 그 약속 취소하고 자고 갔으면 좋았을 텐데. 그런 후회가 있다. 그러나 이제 어찌하겠는가. 다 지나간 일이 되어 버렸는데. 이젠 아버지와 누구처럼 상봉할 수 없다. 파더라 불러 볼 수도 없다. 그의 품에 안길 수도 없다. 천국에서나 가능할 일이다.

누군가 그리운 사람이 있다면 그것이 행복이 아닐까. 그리움은 행복. 그리움이 사무치면 꿈에서 만난다는데. 누군가에게 그리운 사람이 되어 주면 어떨까. 뼛속 깊이 보고 싶고 그리운 사람 말이다. 그대가 그리워하는 사람은 누군가? 지상에 있다면 그와 자주 연락하고 만나보라. 그리운 사람이 많아지면 삶은 정말 행복해진다. 우리도 히딩크를 만들어 보자. 지미 오스몬드(Jimmy Osmond)가 부른 〈Mother of Mine〉의 가사를 'Father of Mine'으로 개사하여 불러본다. 그것이 곧 아버지를 향한 그리움과 감사다. "Father of mine! 나의 아버지! Father, you gave me happiness much more than words can say. 당신은 내게 말로 표현할 수 없는 큰 행복을 주셨습니다." 그분은 내 인생의 히딩크였다.

25
물 위를 걷고 싶은가?

두 가지만 따르면 가능하다

자고로 많이 걸어야 한다. 복음서를 보니 예수님도 많이 걸으셨다. 걸으면서 전도하고 가르치고 치료하셨다. 모두가 그분을 환영하지는 않았다. 항상 대적자들이 있었다. 환영하는 이들보다 대적자들이 더 많았다. 피곤한 인간들. 얼마나 큰 스트레스였을까. 한 명의 대적자도 힘들다. 더구나 그들은 권력자들이었다. 조직적으로 대적하였다. 그러니 하루도 편할 날이 없었을 것이다. 그래서 예수님은 매일 한적한 곳을 찾아 기도하셨다. 걸어서. 또한 몸을 피하기도 하셨다. 군중들의 관심과 대적자들로 인한 피로감 때문에. 그렇게 예수님은 많이 걸으셨다. 걸으면서 생각을 정리하시고 분노를 조절하면서 평상심을 찾으신 것이 아닐까. 많이 걸으면 분노가 조절된다. 분노를 발하는 것은 불을 지피는 것과 같다. 그렇기에 더 많이 자주 걸으신 것이 아닐까. 걸으면 뇌의 찌꺼기와 분노 덩어리가 청소된다. 영혼의 찌꺼기들이 분해된다.

걷는 것이 얼마나 좋은지는 의학적으로 경험적으로 이미 증명되었다. 니체는 위대한 생각은 걷는 것에게서 나온다고. 토머스 제퍼슨은 걷기는 최고의 운동이라고. 허준은 좋은 약이나 좋은 음식보다 걷는 것이 최고라고. 키르케고르는 걸으면 무거운 생각을 다 쫓아버릴 수 있다고. 루소는 정신이 자기 다리와 함께 움직인다고. 사르트르는 인간은 걸을 수 있을 만큼 존재한다고. 소로우는 하루를 축복 속에서 보내고 싶다면, 아침에 일어나 걸으라고. 찰스 디킨스는 무병장수의 길이 끊임없이, 목적을 가지고 걷는 것이라고. 위인들은 모두 이렇게 걷기를 예찬했다.

어느 지인이 최근에 사랑하는 아내를 먼저 천국에 보냈다. 얼마나 외로울까. 가끔 안부 전화를 한다. 그러면 걷고 있다고. 매일 두 시간 이상씩 걸으신다고. 걷는 것이 그렇게 좋다고. 잡다한 생각이 사라지니 좋다고. 걷는 것이 치료제요 보약이다. 또 다른 지인은 어릴 적 혀를 다쳐 말이 어눌하다. 그래도 매일 걸어서 새벽기도회에 참석하였다. 두 시간을 걸어서. 돌아갈 때는 버스를 타고 집으로. 새벽에 걸으니 너무 행복하다고. 목회하면서 힘든 시점이 있었다. 그럴 때마다 걷고 또 걸었다. 5~6시간, 어떨 땐 7~8시간을 걸었다. 어느 땐 종일 걸었다. 그렇지 않았더라면 중병에 걸렸을 것이다. 걷기가 나를 살렸다. 요사이 걷는 사람이 많다. 요가, 필라테스, 헬스클럽에 다니는 이들도 많다. 현대인의 건강 예배요 아침 기도다. 건강은 인생의 화두다. 건강하게 인생 마쳐야 한다. 병들면 이보다 더 가슴 아픈 일이 없다.

병들기 전에 예방해야 한다.

가장 쉽고 좋은 건강 운동은 걷기다. 분노가 많고 스트레스가 많은 도심 생활에 걸으면서 풀고 마음을 다스리면 어떨까. 무더운 여름, 고난과 슬픔뿐인 인생 여정. 복잡하고 소란스러운 도심 생활. 꼬여만 가는 인생살이. 직장 내에서 관계의 스트레스가 또 얼마나 많은가. 또한 이런저런 뉴스를 접하다 보면 분노와 스트레스가 쌓여간다. 정보의 홍수 속에 살아간다. 그런데 대부분 쓸데없는 뉴스다. 이 복잡하고 세속화된 도심 속에서 어떻게 평정심을 유지하면서 살 수 있을까. 예수님처럼 많이 걷자. 찰스 스펄전 목사도 걷기를 예찬하였다.

걸으면 행복해지고, 건강해진다. 스트레스가 사라지고 창의적인 생각으로 가득 차게 된다. 생각이 맑아진다. 심령에 평안과 기쁨이 찾아온다. 일상의 에너지와 열정으로 충만해진다. 성경적 건강법인 워킹은 인생을 건강하게 만든다. 물 위를 걷는 것만이 기적이 아니다. 땅 위를 두 발로 걷는 것도 기적이다. 먼저 땅 위를 걸으며 매일 기적을 체험하자. 감사하는 법을 배우자. 천국의 순례자들이여, 교회여, 천성을 향하여 걷고 또 걷자. 걸으면서 기적을 체험하자. 주님을 많이 생각하자. 그렇게 땅 위를 잘 걷는다면 우리에게도 그분처럼 물 위도 걷게 되는 날이 오게 되지 않을까. 땅 위를 잘 걸어야 물 위도 걸을 수 있다. 명심하자.

26
독서의 기쁨

어디에서 기쁨을 얻는가?

이겨내기 위한 의식을 가져야 한다. 내일 죽는 한이 있더라도 최선을 다하라. 공 하나에 다음은 없다. 그저 편해지고자 한다면 죽어가는 것이나 다름없다. 굵고 짧게 살아라. 트라이, 트라이, 일단 트라이. 남들의 위로 속으로 도망가지 마라. '어차피 안돼'에서 '혹시'로, '혹시'에서 '반드시'로. 최악을 가장하고 최선을 준비하라. 빗속에서 네 시간이라도 뛰는 마음. 리더는 마지막까지 희망을 놓지 않는 사람이다. 비상식을 상식으로 바꾸는 것이 내 인생이었다. 나이 먹을수록 물음표를 달아야 한다. 육체에 지배당하지 말라. 정신이 육체를 지배하도록 하라. 만족은 영원히 없다. 살아남는 것이 상식이다. 돈을 받으면 모두 프로다. 야구도 인생도 10cm와 30cm의 승부다. 리더는 부모다. 부모는 자식을 버리지 않는다. 진정한 리더는 존경을 바라지 않는다. 자타동일. '나'가 아닌 '팀' 속에서 플레이하라. 이대호, 양준혁, 최정보다 팀워크가 먼저다. 기다림은 생각보다 쉽지 않다. 리더일수록 공부에 정진하라. 펑고(Fungo)로 유명한 야신 김성근 감독이 최근에 쓴 책《인생은 순간이다》에 실린 내용이다. 팔십이 된 그에게서 승부 근성과 노력과 식지 않는 열정에 큰 도전을 받는다.

좋아하는 일도 지겨울 때가 있는 법이다. 가까운 사람일수록 예의와 약속을 잘 지켜야 한다. 경청이야말로 가장 좋은 대화법이다. 상대에게 내 의사를 분명히 전달하면 남이 나를 함부로 대하지 못할 것이다. 인생을 살면서 풀어야 할 가장 큰 숙제는 상실감을 잘 떠나 보내는 것이다. 슬플 때는 굳이 강한 척하지 말라. 배움과 성장을 주기에 지난 세월 삶의 흉터마저도 사랑해야 한다. 혼자만의 시간을 가지면 인생의 많은 문제가 해결된다. 결혼한 아들과 딸에게 해주고 싶은 유일한 당부는 배우자가 싫어하는 것을 하지 않기 위해 애쓰며 살라는 것이다. 행복한 어른은 가끔 어린아이처럼 놀 줄도 알아야 한다. 마흔 이후, 가장 필요한 것은 체력이다. 서로에게 상처를 가장 적게 주는 방법은 공감과 배려다. 나는 배우고 성장하면서, 재미있게 살면서, 좋은 추억을 만들면서 그렇게 나이 들고 싶다. 정신분석 전문의인 김혜남이 쓴《생각이 너무 많은 어른들을 위한 심리학》에 실린 내용이다. 그녀는 40대부터 파킨슨병에 걸려서 여러 차례 수술을 받았으면서 의사 역할을 잘 감당하고 있다. 참으로 대단하다.

의견 차이로 다툼이 잦던 한 부부가 이혼하기로 했다. 부부는 이혼을 준비하면서 모든 것을 정확히 나누기로 합의했다. 그들은 은

행에서 돈을 찾아서 정확히 반으로 나누었다. 집과 땅을 판 돈도 역시 정확하게 반씩 나누어 가졌다. 그런데 이렇게 나누는 과정에서 문제가 생겼다. 그들에게는 열한 명의 자녀가 있었다. 정확히 가진 것의 반을 나누기로 한 부부는 서로 자신이 아이를 한 명 더 데리고 가겠다고 주장했다. 결국 타협이 되지 않은 두 사람은 랍비를 찾아갔다. 두 사람의 이야기를 들은 랍비는 이렇게 말했다. "사람은 돈이나 땅처럼 나눌 수 없는 것이니 자녀를 한 명 더 낳을 때까지 같이 사시오." 부부는 랍비의 말을 듣고 아이를 낳을 때까지만 함께 살기로 했다. 그리고 1년 후 부부는 쌍둥이를 낳아 기르게 됐다. 부부는 하나님이 이혼을 원하지 않는 것이라 생각하고 다시 행복하게 잘 살았다. 랍비의 지혜가 아주 돋보였다. 《필사의 힘》에 나오는 탈무드의 한 에피소드인 〈나눌 수 없는 것〉의 내용이다.

양서는 마음의 양식이다. 깊어져 가는 가을, 독서는 허전한 마음을 채워준다. 세 권의 신간 독서를 통해 도전받고, 지혜도 얻는다. 많이 걷고, 독서를 하다 보면 건강에 좋다. 육신의 건강뿐만 아니라 정신 건강에도 좋다. 주어진 현재에 열심히 노력하자. 후회 없이 최선을 다하자. 정확히 자기 의사를 상대에게 알리자. 무엇보다 지혜자의 조언을 겸손히 수용하면서 겸허히 살자. 삶이 행복해질 것이다. 삶에 보람이 찾아올 것이다. 삶이 기쁨으로 가득하게 될 것이다.

27
그대는 매일 듣는가?
최고의 베스트셀러에 귀를 기울이자

김형석 교수가 쓴 《백년의 독서》를 읽었다. 그는 1920년생으로 아직 살아 있다. 내년이면 104세다. 이 도서는 네 파트로 구성되었다. 책을 만나 꿈을 키우다, 책 읽기, 위대한 사상가들과의 행복한 조우, 책과 함께 사색을 즐기다. 그리고 마지막으로 책, 어떻게 읽을 것인가이다. 그는 평생 자신이 읽고 영향받은 책들을 소개한다. 마지막에는 이렇게 글을 맺는다. "책을 읽는 개인이 지도자가 되면, 독서하는 민족이 세계를 이끌어갈 수 있다"는 말은, 하나의 구호가 아니라 우리 모두의 신념이 되어야 한다. 또한 그는 무지와 힘이 지배하는 사회에서는 지성과 학문이 2선으로 물러나게 만드는 결과를 낳고 수준을 갖춘 지성적인 독서를 경멸하는 사회를 만든다고 경고하면서, 작금 우리 대한민국의 지성계, 종교계, 학계에서는 주장과 독선적 신념이 고조될 뿐 참다운 대화와 토론이 없는 불행을 아쉬워한다. 특히 이러한 불행을 초래하는 부류에 종교계 지도자들이 포함된다는 것은 매우 유감스러운 일이라며 개탄한다. 이를 위해 더 많은 독서와 연구의 필요성을 강조한다.

그의 신간을 읽고 한 가지 아쉬웠던 것은 고전 중의 고전이요, 인문학 중의 인문학인, 영원한 베스트셀러인 성경의 가치와 성경 읽기의 소중함을 언급하지 않았다는 것이다. 그 역시 독실한 기독교 신자다. 언젠가 성경 독서의 소중함을 집필하기를 기대한다. 그렇게 되면 많은 독자층을 가지고 있는 인기도서 작가인 그의 영향력으로 더 많은 이들이 성경에 관심을 가지게 될 것이다. 특히 다음 세대들이 말이다.

나 역시 글을 쓰는 사람이고, 독서를 좋아한다. 여러 권의 책도 집필하여 출간하였다. 직업이 목사이다 보니 독서와도 눈을 뗄 수 없다. 매 주일 서점에 가서 책을 쇼핑한다. 서점은 나의 또 다른 '퀘렌시아'다. 마음의 양식과 교양이 되고 또한 설교와 목회 사역에 큰 도움을 준다. 무엇보다 시대의 흐름을 파악하고, 인문학을 공부하는 데 도움을 준다. 하지만 해가 바뀔수록 읽을 만한 신간이 줄어든다. 이것이 아쉽다. 좋아하는 어느 수필 작가가 있다. 이름만 대면 알만한 작가다. 어느 해 그의 책들을 통해서 많은 인사이트를 얻었다. 그런데 수년이 지난 지금 아직도 그는 신간을 출간하지 않고 있다. 그의 신간이 나오기를 기대한다. 서점에 가면 선호하는 작가와 신간을 기대하면서 설렌다. 서점과 독서는 분명 나의 퀘렌시아다.

김형석 교수도 언급하였지만, 재미교포 작가인 김은국(Richard Kim)이 쓴 《순교자》는 내게 최고의 소설 중 하나다. 이 책은 1964년 영문으로 미국에서 처음 출간되었다. 이후 20주간 베스트셀러가 되었다. 작가 펄 벅도 극찬하였다. 노벨문학상을 탈 뻔도 하였다. 한국계 최초로 노벨문학상 후보로 올랐으니 말이다. 여러 번 읽었다. 참 많은 생각을 하게 만드는 정말 좋은 책이다. 목사와 신앙인으로 살아가는 이들에게는 더욱 그럴 것 같다. 기독교 신앙을 소재로 하고 있기 때문이다. 읽지 않았다면 꼭 이 책을 강력하게 추천하고 싶다.

그 외에 꼭 한 권 더 추천하고 싶은 책이 있다. 올해도 여전히 내겐 베스트셀러였고, 해마다 나에게 베스트셀러였던 책이다. 프랑스어 비블(La Bible)이다. 독일어로 비벨(Die Bibel)이다. 영어로 바이블(The Bible)이다. 성경이다. 영원한 베스트셀러인 성경. 성경을 많이 읽자. 이 한 권으로 족하다. 이 책을 제대로 이해한다면 말이다. 그래야 영혼이 살 수 있다. 에스겔 37장에 나오는 골짜기의 뼈들처럼 살아 큰 군대가 될 수 있다(겔 37:10). 대한민국 전 국민이 성경을 베스트셀러로 사랑하고 깨닫게 되는 날을 꿈꾼다. 갈수록 교회는 성경을 사랑해야 한다. 읽고 묵상하고 연구해야 한다. 목회자와 교인이 성경을 더욱 가까이할 때다. 딴 데서 우물 파지 말고 성경에서 우물 파도록 하자. 성경 속에 하나님의 음성이 울려 퍼진다. 그대는 이 음성을 성경 속에서 매일 듣고 있는가?

신대륙 개척에 나섰던 스페인의 선원들이 경험했던 실제 이야기다. 스페인의 젊고 건강한 선원들이 신대륙을 개척하기 위해 바다 건너편으로 머나먼 항해를 패기 있게 떠났다. 하지만 그들의 목표와 달리 육지를 발견하지 못한 채 넓은 바다 위에서 표류하기 시작했다. 음식물과 마실 물마저 떨어진 까닭에 망망대해 위에서 그들은 하나, 둘 목말라 죽어가기 시작했다. 이들은 자신들이 이미 바다를 건너 거대한 아마존강에 진입했지만, 여전히 바다 위에서 헤매고 있다고 착각한 것이다. 그래서 바닷물을 퍼먹을 생각조차 하지 못했다. 자신들의 배 밑에 흐르고 있는 엄청난 분량의 아마존강물이 생수였는데도 그들은 배 위에서 목말라 죽어갔다. 생명의 말씀인 성경을 곁에 두고도 무관심하다면 우리 영혼도 이들과 다를 바가 무엇일까. 성경만이 영적으로 굶주리고 허기진 영혼을 살린다.

28
원씽 THE ONE THING
진짜 하고 싶은 일이 무엇인가?

브로니 웨어의 2012년 작품 《내가 원하는 삶을 살았더라면》에 보면, 죽음을 앞둔 사람이 가장 많이 하는 다섯 가지 후회가 나온다. "더 행복해질 수 있었는데 그러지 못했다", "친구들과 자주 연락하며 살았어야 했다", "나의 감정을 솔직하게 표현할 용기가 있었더라면", "그렇게 열심히 일할 필요가 없었다." 그런데 공통적으로 했던 가장 큰 후회는 바로 "다른 사람의 기대에 부응하는 삶이 아닌 나 자신에게 솔직한 나만을 위한 삶을 살 용기가 부족했다"였다. 대부분 사람은 자기 꿈의 반도 이루지 못한 것이다. 1994년 미국의 심리학자 길로비치와 메드벡이 실시한 〈후회 심리학〉 연구에서 내린 결론은 다음과 같았다. "사람이 자신의 삶을 되돌아볼 때 가장 큰 후회를 일으키는 것은 그들이 하지 않은 일들이다…. 처음에는 어떤 행동이 문제를 일으키는 것처럼 보일지 몰라도 장기적으로 가장 큰 후회를 남기는 것은 바로 하지 않은 행동이다."

매일 자신에게 가장 중요한 일을 하도록 하라. 그렇다면 어떻게 후회 없는 삶을 살 것인가? 그것은 남다른 성과를 위한 여정을 시작하는 방식과 같다. 목적의식, 우선순위, 높은 생산성을 추구하라. 후회를 반드시 피해야 하고 또 그렇게 할 수 있다는 사실을 명심하라. 당신의 모든 일 중 단 하나의 일을 가장 중요하게 생각하고, 당신의 모든 시간에 단 하나를 위한 시간을 맨 위에 두어라. 그리고 이 모두를 한 걸음부터 시작하라. 그렇게 한 가지에 집중하라. 아마존 베스트셀러 1위 도서, 《원씽 THE ONE THING》에 나오는 내용이다. 너무 많은 일 때문에 쫓기고 사는데 그렇게 하지 말고 한 가지에 집중하라고. 가장 중요한 우선순위에 집중하라고. 뭐 그렇게 특별한 내용이 아니다. 다 아는 사실인데 실천하지 못할 뿐이다.

그렇다. 하고 싶은 일을 하며 살아야 한다. 하고 싶은 일을 하지 못하고 산 것이 가장 후회스럽다고 하는 연구 결과다. 하고 싶었는데 하지 못한 일들이 가장 후회가 되었다고 한다. 하고 싶은데 하지 못한 일이 많으면 후회되고, 하고 싶은 일을 많이 할수록 후회가 줄어든다. 쉬운 것 같은데 어렵다. 조직 사회에 있으면 더욱 그렇다. 하고 싶은 것을 다 하고 사는 이들이 과연 얼마나 될까. 하고 싶은 대로 하고 사는 사람들을 보면 부럽다.

모든 영역이 마찬가지다. 하고 싶은 일을 마음껏 하는 것이 후회 없이 사는 길이다. 원하고 바라는 일을 마음껏 도전하고 펼쳐보자.

눈치 보지 말자. 식당에서는 분위기에 휩쓸리지 말고 원하는 메뉴를 시켜 먹자. 하고 싶은 말은 조곤조곤 진솔하게 하자. 인생 버킷 리스트를 정하고 하나씩 실천하자. 짧은 인생이다. 머뭇거릴 시간이 없다. 이런저런 눈치 보다가 인생 끝내지 말자. 더는 눈치 보지 말라. 평생 후회요, 영원한 후회다. 그러다가 걸으면서 혼자 말 하는 인생으로 끝나게 될 것이다. 마음 병에 걸린다. 하고 싶은 일을 하며 살자. 하지 못하면 잠 못 이룰 일을 하며 살자. 하나님이 주신 인생은 모두 값진 인생이다. 후회 없이 멋지게 원하는 대로 살아보자. 요즘 가장 부러운 사람은 자신이 원하는 대로 말하고, 하고 싶은 것을 하며 사는 사람이다.

29
호랑이와 당나귀

어리석은 자와 꼭 다투어야 할까?

어느 빨래터에서 수행자와 빨래꾼 사이에 격한 실랑이가 벌어졌다. 수행자가 먼저 빨래꾼을 밀쳤고, 빨래꾼이 몸을 피하면서 수행자를 앞으로 자빠뜨렸다. 욕설이 오가고 헛발질과 주먹질이 난무했다. 싸움은 일방적으로 흘렀다. 오랜 노동을 통해 근육이 단련된 빨래꾼이 채식주의자로서 제대로 먹지도 못한 수행자를 찍어 눌렀다. 수행자는 버둥거리면서 신의 이름을 부르며 도움을 청했다. 하지만 아무리 불러도 신은 응답이 없었다. 언제 나타났는지 당나귀가 내려다보는 동안 주위 사람들이 뜯어말려 싸움이 끝났다. 빨래꾼은 당나귀를 데리고 가고, 얼굴에 피멍이 든 수행자는 힘없이 앉아 신을 원망했다.

신을 보자 그는 울부짖으며 말했다. "저 무식한 빨래꾼에게 얻어맞으면서 애타게 부를 때는 왜 오지 않으셨나요? 평생을 당신에게 헌신했는데, 왜 수모를 당하게 내버려두셨나요?" 신이 말했다. "내 아들아, 그대가 나를 부를 때 나는 곧바로 달려왔다. 그런데 두 사람이 똑같이 서로에게 주먹을 날리며 싸우고 있어서 누가 수행자이고 누가 빨래꾼인지 도무지 분간할 수 없었다. 분노에 찬 둘 사이에는 아무 차이가 없었다. 그래서 나는 생각했다. 두 사람이 싸우게 그냥 둬서 자체적으로 문제를 해결하게 하자고."

평화로운 밀림에서 어느 날 호랑이와 당나귀 사이에 사소한 충돌이 일어났다. 이 일로 밀림 속에 평화가 깨어졌다. 어떻게 논쟁이 촉발되었는지 아는 동물은 없지만, 당나귀가 한 말에 호랑이가 짜증을 내며 "풀은 초록색이야!" 하고 외치는 것이 들렸다. 당나귀는 모두가 놀랄 정도로 더 크게 외쳤다. "아니야, 풀은 파란색이야!" 그 후 "초록색!", "아니야, 파란색이라니까!" 이 문제로 연거푸 고성이 오갔고 시간이 가도 논쟁은 멈추지 않았다. 둘의 논쟁에 다른 동물들도 덩달아 편이 갈렸다. 상황이 점점 심각해져서, 이런 식으로 가다가는 밀림의 세계가 파국을 맞이할 것이 분명했다.

마침내 동물들은 그들의 왕 사자를 찾아가 판결을 부탁했다. 사자는 당나귀와 호랑이의 주장을 듣고 나서 잠시 심사숙고한 후, 호랑이가 틀렸다고 엄숙히 선언했다. 판결에 따라 호랑이는 소란을 일으킨 죄로 1년 동안 밀림에서 추방되어야만 했다. 떠나기 전에 호랑이는 사자를 찾아가, 풀이 초록색이라는 사실을 온 세상이 다 아는데 왜 당나귀 편을 들고 자신을 벌했느냐며 하소연했다. 사자가 말했다.

"물론 나도 풀이 초록색인 걸 안다. 하지만 어리석은 자와 논쟁을 벌였기 때문에 너를 벌한 것이다. 논쟁하려면 자신보다 지식과 지혜가 높은 자와 해야 한다. 어리석은 자와 무의미하게 논쟁함으로써 너는 소중한 시간을 낭비하고 세상을 시끄럽게 만들었다. 그것이 네가 벌을 받는 진짜 이유이다."

사칠 이십팔과 사칠 이십육이 있었다. 두 사람은 자신의 구구단이 맞는다고 계속 우겼다. 한 사람은 사칠은 이십팔이라고 주장하고, 또 다른 사람은 사칠은 이십육이라고 우겼다. 이 일로 서로가 격분하여 다투고 주먹질까지 하게 되었다. 이 소식이 마을 원님에게까지 전해졌다. 두 사람은 마을 원님에게 소환되었다. 이에 마을 원님은 사칠 이십육을 집으로 돌려보냈다. 그리고 사칠 이십팔에게는 곤장 열 대의 형벌을 명했다. 사칠 이십팔은 너무 억울하여 물었다. "내가 맞는데, 왜 내가 문제냐"고 따졌다. 이에 원님은 답했다. "나도 안다. 그런데 너의 죄는 사칠 이십육이라고 우기는 저런 무식한 놈과 논쟁을 벌이고 다툰 것이다. 그래서 곤장 열 대를 맞는 것이다. 그러니 앞으로 다시는 절대로 저런 무지한 자와 논쟁하지 말라." 그렇게 사칠 이십팔은 곤장 열 대형을 받은 후 집으로 돌아갔다. 다들 어느 책에서 본 내용이다.

빨래꾼 수준밖에 되지 않는 수행자, 호랑이, 사칠 이십팔. 모두가 우리의 모습일 수 있다. 신자의 삶은 어떠해야 할까? 지혜로운 자의 행실은 또한 어떠해야 할까? 수준 높은 신자, 성숙한 인간으로 살아가고 있는지? 사실 이십육과 당나귀, 그리고 빨래꾼의 수준밖에 되지 않은 신자들도 주변에 많다. 나도 그 속에 포함되어 있지 않은지? "미련한 자마다 다툼을 일으키느니라"(잠 20:3). 미련한 자가 되지 말고 제발 지혜자가 되자. 요사이 우리 사회 속에 미련한 자와 궤변론자들이 너무 많아 안타깝다.

30
셀라하마느곳의 은총
삼상 23:24-29

2023.12.31. 주일 설교 전문

오늘 말씀 보니까, 광야에 숨어 있던 다윗과 육백 용사가 사울 왕에게 발각됩니다. 이에 사울은 군사를 이끌고 다윗의 은신처인 마온 광야 아라바에 도착합니다. 다윗과 그 일행은 자신들의 은신처가 발각된 줄 알고 도주합니다. 하지만 늦었고 사울 왕의 군사에게 포위당하는 위기를 맞이합니다. 사울과 그의 군사들이 다윗과 그의 일행을 에워싸고 잡으려고 합니다. 이 순간 갑자기 전령이 나타나 사울 왕에게 급보를 전합니다. 블레셋 군사들이 이스라엘 땅을 침노했다고. 이에 사울은 어쩔 수 없이 다윗과 그 일행 쫓는 것을 포기하고 블레셋 군사들과 싸우기 위하여 돌아갑니다. 이 일로 사로잡힐 뻔한 다윗과 육백 용사는 구원받습니다. 살아납니다. 이에 다윗은 이곳을 "셀라하마느곳"이라 칭합니다. 히브리어로 '셀라'는 '바위'란 뜻이고, '하'는 정관사이고, '마느곳'은 '분리'라는 뜻입니다. 즉 '분리하는 바위'라는 뜻입니다. 하나님께서 다윗을 사울에게서 분리하셨다는 뜻입니다.

여호와께서 위기에 처한 다윗을 도와서 적들로부터 분리하고 구원하셨다는 뜻입니다. 그렇게 이 장소를 "셀라하마느곳"이라 칭하였습니다. 바위가 많은 은신처였던 것 같습니다.

이렇게 적들로부터, 위기로부터 분리하여 하나님께서 자신의 백성을 구원하셨을 때 "셀라하마느곳"이라는 말을 사용합니다. 적들을 완전히 따돌리고 분리해서 그 위기에서 하나님의 자녀를 구원하여 건져주셨다는 뜻입니다. 희한한 방법으로, 생각지 못한 방법으로 하나님께서 다윗을 사울의 손에서 구해주신 것입니다. 다윗과 그의 군사들이 붙잡히려는 순간, 갑자기 블레셋 군사가 이스라엘을 침공하였다는 사실. 이 일로 인하여 하나님이 사울을 다윗에게서 분리해서 떼어 내셨습니다. 그렇게 다윗과 그의 군사들을 구원해 주셨어요. 참 읽기만 해도 신기하고 놀랍고 정말 기분이 좋은 성경의 기사입니다.

어떠세요? 여러분에게도 이런 위기에서 벗어난 극적인 구원의 은혜가 있습니까? 이런 동일한 은혜와 체험과 간증이 있습니까? 셀라하마느곳의 은혜, 이런 체험과 간증이 있습니까? 큰 위험, 어려움, 위기로부터 극적으로 구원받은 때. 끝난 것 같았는데, 위기와 곤경으로 모든 것이 끝난 것 같았는데, 희망이 없어 보였는데, 피할 길이 열리고, 살길이 열리고, 구원의 길이 열려서 살아나고, 회복되고, 탈출할 수 있었던 그런 체험과 간증이 있었는지 모르겠어요. 아마 다 있을 거예요.

한국 전쟁 당시 대한민국은 어떠했나요? 나라 전체가 함락 위기에 놓여 있을 때 생각지도 못한, 유엔 16개국 참전으로 대한민국이 극적으로 위기에서 벗어날 수 있었습니다. 그렇게 하나님께서 생각지도 못한 유엔군의 도움으로 이 나라를 공산화에서 막아주셨어요. 셀라하마느곳의 역사로 북한으로부터 분리해 주셨어요. 그렇지 않았다면 지금 대한민국은 공산화가 되었겠죠. 하나님께서 부산에 모여 이승만 대통령과 함께 교회와 성도들이 올리는 구국의 기도를 들으시고 놀랍게 역사해 주셨어요. 공산화 직전에 극적으로 구원받았습니다. 당시 유엔 안전보장 이사국이었던 소련이 회의에 불참하여 망정이지, 만일 참석했다면 유엔군 참전은 불가능했습니다. 한 나라라도 반대하면 유엔군 파병이 되지 않기 때문입니다. 소련 유엔주재 대사인 말리크가 안전보장이사회에 참석해서 거부권을 행사했다면 UN군의 한국 파병은 없었을 것이고, 오늘의 대한민국도 없었을 것입니다. 따라서 소련 대사가 안전보장이사회에 참석하지 않은 것은 대한민국을 살리기 위한 하나님의 특별한 섭리요 은혜였다는 것이죠. 정말 셀라하마느곳의 은혜였고 역사였습니다. 그렇게 하나님께서 유엔 16개국 참전을 통해서 대한민국을 북한의 남침과 공산화로부터 분리해 주셨어요. 구원해 주셨어요. 건져 주셨어요. 정말 극적인 구원입니다. 대한민국 정부와 교회가 영원히 기억해야 할 셀라하마느곳의 은혜입니다.

1849년 12월 영하 50도의 추운 어느 날. 러시아 사형집행소 세묘노프 광장에서 도스토옙스키가 국가 반란 죄목으로 붙잡혀서 5분 후면 사형이 집행됩니다. 하지만 어떻게 됩니까? 사형집행 5분 전에 황제의 특사가 그곳에 도착하여 황제의 특명으로 사형 집행정지가 됩니다. 그렇게 그는 극적으로 살아났고, 이후 4년간 시베리아 수용소 생활을 거쳐서 모스크바로 돌아오게 됩니다. 이후 그는 위대한 작품을 남겼습니다. 죽다 살아난 극적인 5분이 그의 작품 활동에 지대한 영향을 끼쳤습니다. 이후 여러 대작을 발표하고, 결국 그는 러시아의 대문호가 되죠. 특히 《백치》에서는 극적인 구원을 경험한 셀라하마느곳의 시간인, 사형집행 전 5분을 떠올리면서 그는 이렇게 글을 씁니다. "나에게 마지막 5분이 주어진다면 2분은 동지들과 작별하는데, 2분은 삶을 돌아보는데, 그리고 마지막 1분은 세상을 바라보는데 쓰고 싶다. 언제나 이 세상에서 숨을 쉴 수 있는 시간은 단 5분뿐이다." 그렇게 그는 평생 이 은혜의 5분을 기억하며 감사로 살아갑니다. 의미 있고 보람차게 살아갑니다. 극적인 구원의 경험이 많을수록 삶을 소중하게 여기게 되는 것이죠. 여러분에게 이 5분과 같은 은혜는 무엇입니까?

예수님의 십자가와 부활도 셀라하마느곳의 은혜가 아니었을까요. 예수님이 십자가에 돌아가신 후 사람들은 다 끝났다고 생각했죠. 제자들은 도망가고, 예수님을 따르던 여인들도 다 끝났다고 여겼어요. 하지만 삼 일 후에 예수님은 부활합니다. 사망 권세를 멸하시고, 죽음을 이기시고, 부활하십니다. 이 삼일의 시간이 예수님에게는 셀라하마느곳의 시간이 아니었을까요. 죽음에서 살아나는 극적인 구원의 경험입니다. 하나님이 적극적으로 개입하셔서 이런 구원의 역사를 이루신 것이죠.

아브라함도 그랬습니다. 이제 이삭이 죽었다고 생각했겠죠. 그는 즉시 여호와의 명하신 대로 아침 일찍 독자 이삭을 데리고 여호와께서 지시하신 땅으로 가서, 아들을 제물로 바칩니다. 삼 일 길을 걸어 모리아에 도착하고 산 위에 올라갑니다. 제단을 쌓고 독자 이삭을 제물로 바치려고 칼을 뽑아 들었습니다. 이때 여호와께서 주의 사자를 통해서 말리셨죠. 됐다고. 이제야 네 믿음을 알게 되었다고. 독자보다 여호와를 사랑하는 믿음을 알게 되었다고. 그렇게 이삭은 극적으로 살아납니다. 아브라함과 이삭 두 사람에게 이 시간은 죽음에서 구원받은 셀라하마느곳의 시간이 아니었을까요. 극적인 구원의 경험입니다. 여호와께서 적극적으로 개입하셔서 이 구원의 역사를 이루신 것이죠. 이후 아브라함은 독자 이삭을 볼 때마다 더욱 감사했을 것입니다.

형들에게 붙잡혀 구덩이에 빠진 요셉도 마찬가지였겠죠. 죽을 수 있는 상황이었어요. 그의 목숨은 끝난 것이나 마찬가지였어요. 형들 사이에 이 일로 논쟁이 벌어졌죠. 죽이자, 아니다, 살려주자. 그때 마침 애굽으로 내려가는 이스마엘 상인들이 나타납니다. 이에 형들은 구덩이에 빠진 요셉을 상인들에게 팔아넘겼어요. 타이밍이 기가 막혀요. 아찔한 순간이었죠. 그렇게 요셉은 죽음의 위기에서 극적으로 살아납니다. 극적인 구원의 경험입니다. 요셉에게 셀라하마느곳의 시간이었습니다. 죽음의 위기에서 분리된 순간. 여호와께서 적극적으로 개입하셔서 그를 살려 주셨어요.

페르시아에 살던 유대인도 마찬가지입니다. 모두 하만 총리의 음모로 유대 민족이 몰살 위기에 처해졌어요. 하지만 에스더 왕후의 활약으로, 삼 일간의 금식과 죽으면 죽으리라는 일사 각오의 신앙으로 유대인이 구원받았습니다. 셀라하마느곳의 역사입니다. 하나님께서 적극적으로 개입하여 몰살 위기에 놓인 유대인을 구원해 주시고, 대신 하만과 그의 무리를 다 멸하셨습니다.

3차 전도 여행을 마치고 예루살렘으로 올라간 사도 바울. 하마터면 유대인들 손에 맞아 죽을 뻔했습니다. 유대교를 버린 배신자라고, 예수 전하는 이단자라고, 소동을 벌인 유대인들에게 성전에 있던 바울이 붙잡히게 되고, 성전 밖으로 끌려 나가서 폭행당하게 됩니다. 이때 로마 군인들이 나타나서 바울을 데리고 영내로 돌아갑니다. 조금만 늦게 그들이 왔었다면 바울은 맞아 죽었을 것입니다. 셀라하마느곳의 시간이었습니다. 극적인 구원의 시간. 주의 성령께서 로마의 군사들을 통해서 사도 바울을 살린 것입니다.

이렇게 성경에 보면, 극적인 구원 사건, 셀라하마느곳의 기사가 많습니다. 지금도 동일하게 하나님께서 이런 역사를 이루어 가십니다. 당신의 백성이 위기에 처해 있을 때 피할 길을 여시고, 건져주시고, 구원해 주십니다. 생각지도 못한 극적인 방법으로, 기막힌 타이밍에, 생각지도 못한 사건과 사람들을 통해서 이런 구원의 역사, 셀라하마느곳의 역사를 이루어 가십니다.

그러니 어떻습니까? 위기에 순간에 늘 하나님을 의지하고, 그분께 도움을 간구해야 한다는 것이죠. 이런 구원의 믿음과 소망을 가지고 살아야 한다는 것이죠. 그러니 성도는 어떻습니까? 쉽게 포기하거나, 쉽게 절망해서는 안 된다는 것입니다. 이 셀라하마느곳의 역사가 있으니까 쉽게 포기하거나 절망하거나 낙망하지 않아야 한다는 것이죠. 인생 9회 말 역전승이 기다리고 있다는 것이죠. 끝날 때까지 끝난 것이 아니라는 말이죠. 이렇게 위기 속에도 극적 구원이 있고, 절체절명의 순간에도 극적 구원이 있다는 사실을 믿고 절대 낙망하거나 포기하지 말아야 한다는 것입니다. 언제나 탈출구와 희망의 문은 열려있습니다.

아마 70년 동도교회 역사 속에도 이런 극적 구원인 셀라하마느곳의 은혜와 역사가 있지 않았을까요. 많았을 거예요. 이 낙후된 지역에 이 정도 규모의 교회가 세워졌는데, 왜 그런 역사가 없었겠어요. 제가 부임한 이후로도 이런 역사가 있었어요. 많았어요. 저에게도 있었어요. 정말 놀라운 하나님의 역사와 은혜요 간증입니다. 동도교회가 위태로울 때, 풍전등화의 위기 속에 있을 때 하나님께서 셀라하마느곳의 역사를 이루어주셨어요. 그렇게 동도교회를 건져주셨어요. 얼마나 감사한지 모릅니다. 저도 마찬가지입니다. 이것을 생각하면 얼마나 고맙고 감사한지 몰라요. 그중 하나만 나눈다면, 노회가 분립된 것이 정말 큰 셀라하마느곳의 은혜였습니다. 대구 반야월교회에서 103회 총회를 할 때 평양노회 분립이 결정되었습니다. 하나님의 역사입니다. 저와 동도교회를 힘들게 하는 분들로부터 우리 교회를 분리해 주셨어요. 그렇게 평양노회와 평양제일노회로 분립되었어요. 얼마나 감사한지. 지금은 노회로 인하여 교회가 어려움 당하는 일이 전혀 없어요. 그런데 분립되기 전에는 노회와 총회의 힘 있는 몇몇 분들 때문에 저와 우리 교회가 얼마나 힘들었는지 몰라요. 분립이 안 되었다면 여전히 저와 동도교회는 어려웠을 겁니다. 모르겠어요. 다른 목사님이 이 교회에 와서 목회할 수도 있었겠지요.

또 한 번은 코로나 기간 전이었어요. 교회 주변 땅을 정리하는데, 과거에 매입한 교회 주변 건물을 잘 정리해 두지 않아서 갑자기 많은 금액이 필요하게 되었습니다. 담당 장로님이 오셔서 설명하십니다. "목사님, 이 문제를 해결하려면 2억이 필요합니다. 예산도 세우지 않은 돈입니다." "장로님, 기도하십시다." 그렇게 이 문제를 놓고 기도하는데, 어느 날 밤, 한 성도님이 전화를 주셨어요. 그러면서 갑자기 하시는 말씀이, "목사님, 혹시 교회에 뭐 필요한 거 없어요?" 아, 그렇게 물으시는 거예요. 그래서 제가 말씀드렸죠. "사실은 여차여차해서 교회에 2억이 당장 필요합니다." 아, 그랬더니 바로 그 주중에 헌금해 주셨어요. 얼마나 놀랍고 감사한지. 그래서 그 문제를 해결했어요. 정말 셀라하마느곳의 은혜죠. 재정의 위기에서 건져주신 셀라하마느곳의 역사입니다. 이것 생각하면 또 얼마나 고맙고, 감사한지.

열왕기하 4장에 보면 '과부의 기름 그릇' 기사가 나옵니다. 이때는 이스라엘 땅에 비가 오지 않은 가뭄의 때였습니다. 선지자의 제자 중에 과부가 된 한 여인이 있었습니다. 그런데 빚을 대준 사람이 와서 이 과부의 두 아들을 데리고 종으로 삼고자 했습니다. 가뭄 때였으니까 얼마나 어려웠겠어요. 그래서 그 과부의 집도 살기 위해 빚을 많이 졌나 봅니다. 이렇게 빚 때문에 두 아들을 잃게 되었어요. 이 순간 선지자 엘리사가 나타나서 그 과부에게 집에 먹을 것이 있냐고 묻습니다. 그러자 기름 한 그릇 외에 아무것도 없다고 대답하죠. 이에 엘리사는 과부에게 밖으로 가서 이웃에게 빈 그릇을 빌려오라고 하죠. 그렇게 빌려오자, 이제 집 문을 닫고, 그 빈 그릇에 한 그릇밖에 남지 않은 기름을 부으라고 합니다. 그랬더니 그릇마다 기름으로 가득 차게 됩니다. 그리고 이 기름을 팔아 빚을 갚아요. 남은 돈으로 두 아들과 함께 살아요. 이 기적은 과부와 두 아들에게 극적인 구원 사건입니다. 셀라하마느곳의 역사입니다.

"나의 힘이신 여호와여 내가 주를 사랑하나이다 여호와는 나의 반석이시요 나의 요새시요 나를 건지시는 이시요 나의 하나님이시요 내가 그 안에 피할 나의 바위시요 나의 방패시요 나의 구원의 뿔이시요 나의 산성이시로다"(시 18:2).

"의인은 고난이 많으나 여호와께서 그의 모든 고난에서 건지시는도다"(시 34:19).

오늘은 2023년 마지막 주일입니다. 우리는 올 한 해 여호와께서 크고 작은 위기의 순간마다 셀라하마느곳의 은혜를 베푸셨기에 이 자리에 참석하여 예배드리고 있습니다. 얼마나 많은 사건과 사고가 있었나요. 얼마나 많은 아픔과 고통이 있었나요. 얼마나 많은 사람이 죽거나 사고로 병원에 실려 갔나요. 얼마나 많은 위험과 위기가 찾아왔나요. 나도 느끼지 못한 위기와 위험천만한 순간도 많았을 것입니다. 그런데 그 위기의 순간마다 여호와께서 '셀라하마느곳' 하여 구원하고 보호하고 지켜주셨어요. 건져주셨어요. 우리가 잘나서, 똑똑해서, 능력이 있어서, 대단해서 그렇게 되었나요. 아닙니다. 전적인 하나님의 은혜요 역사입니다. 그렇게 우리 모두, 셀라하마느곳의 은혜를 입어 이 자리까지 온 것이죠. 또한 새해를 기대하고 있는 것이죠.

어떤 위기에 봉착해 있는지, 어떤 어려움 속에 가슴 아파하고 있는지, 어떤 문제로 신음하고 있는지, 당장에 풀고 해결해야 할 문제가 무엇인지, 당장의 필요가 또 무엇인지, 여호와께서는 다 알고 계십니다. 셀라하마느곳의 역사를 계획하고 계십니다. 그 구원의 역사를 이루기 위하여 여호와 하나님께서 지금도 일하고 계십니다. 이 믿음 가지고 모든 일에 승리하시고, 새해도 풍성하게 경영하시기를 축원합니다.

같이 놀아라

같이 놀아라 혼자 지내는 편인가?
지혜·유머·folly 배에 구멍 내는가?
지도자(Leader)는 독서가(Reader) 독서를 잘하는 편인가?
직선과 곡선 성품이 어떠한가?
안성수양관 아름다운 추억이 있는가?
4급, 5급, 6급 그리고 도적 어떤 부류의 지도자인가?
레오(Leo) 같은 리더 누가 진정한 지도자인가?
리더의 옥편 성공 비결이 무엇일까?
1942 세인트 솔저 왜 교만할까?
성품이여, 온전하소서 마 11:29

31
같이 놀아라

혼자 지내는 편인가?

친구가 상담한다. '삶이 우울하다고, 실패자 같다고, 루저(loser) 같다고, 자기 인생이 어떻게 이렇게 되었는지 모르겠다고.' 상당한 인재였다. 명문 대학 출신이다. 또 다른 친구가 상담한다. '자기도 실패자 같다고, 열심히 살았는데 결과가 좋지 않다고, 그래서 아내에게 싫은 소리를 자주 듣는다고, 예전에는 그렇질 않았는데. 모든 것이 자기 무능 때문인 것 같다고.' 또 다른 친구가 상담한다. '자기는 성공하였지만, 사람들 때문에 너무 힘들다고, 방해꾼을 만나 하루하루가 지옥이라고.'

삶이 그렇다. 모두가 성공하지 않는다. 성공자가 있는가 하면 실패자도 있다. 승리자가 있는가 하면 패배자도 있다. 세상은 성공자, 승리자에게 관심을 가진다. 그래서 성공하지 못하고, 승리하지 못한 자들은 괴롭고 힘들다. 우울해진다. 자격지심에 열등감까지 생긴다. 자신이 한때 인재였고 똑똑했다면 그 증세는 더욱 심해진다. 모두가 성공하고, 승리하면 좋겠는데 말이다.

수요일 밤 1시. 대한민국과 사우디의 아시안컵 16강전이 있는 날. 축구를 볼까 말까 고민하다가 결국 시청하였다. 졸다가 보다가 축구가 뭐 그렇게 좋길래. 애국심 때문인지. 자다가 졸다가 지루한 경기였다. 일 대 영으로 지는 줄 알았다. 그렇게 후반에 공격하는데도 골이 들어가질 않는다. 그러다가 마치기 일 분 전에 기적이 일어났다. 동점골. 조규성은 지옥에서 천국으로 개과천선하였다. 결국 승부차기로 승리하여 온 국민을 기쁘게 만들었다. 나 같은 무명의 축구 팬, 변방의 축구 팬까지 환호하게 만들고 기분 좋게 만들었다. 이날 잠도 세 시간밖에 자지 못하고 일을 했는데 피곤하지도 않았다. 모두가 감격스러운 승리로 인해 생긴 좋은 호르몬 덕분인 것 같았다. 결국 기분이 좋아야 좋은 호르몬도 생기고, 업무도 잘 되는가 싶었다.

수요일 저녁에 노회 주관으로 진해 해군교육사교회 진중 세례식이 있었다. 해군 699기 훈련병들이 많이 참석하였다. 1층 본당을 꽉 채웠다. 세례식과 축복기도가 진행되었다. 가슴이 뜨거웠다. 젊은 장병들을 위해 세례식을 행하고, 축복기도를 해주는 시간이 너무 은혜로웠다. 참석한 이들 모두가 은혜와 감동을 받았다. 함께 참석한 노회 임원들이 얼마나 좋아하는지. 보람과 감동이 있었다고. 군 복음화는 정말 영적으로 황금어장이다. 군 복음화와 군 선교에 집중해야 할 이유가 분명하다. 재정으로 섬기고 후원한 노회 내 교회들이 너무나 고맙다.

노회원들과 함께 진해 해군교육사교회 진중 세례식을 참여하면서 이런저런 담소를 나누었다. 함께 모여 담소를 나누니 너무 좋다고. 무엇보다 고민을 나눌 수 있는 시간이 너무나 좋다고. 함께 함이, 더불어 동행함이 그렇게 너무 좋다. 혼자 있으면 시험에 든다고. 특히 잘 나간다고 독불장군처럼 혼자 있으면 시험과 유혹에 들 수 있다고. 자기 잘난체하다가 넘어질 수 있다고. 이런저런 담소를 나누며. 이런저런 세상 돌아가는 이야기를 하면서, 이런저런 교계 이야기를 하면서, 이런저런 지도자들의 이야기를 하면서 내린 결론이다.

'혼자 놀지 마라. 함께 놀아라.' 예수님은 제자들은 물론 사람들과 함께 더불어 사셨다. 서로 어울리고, 함께 더불어 산다면 시험도 줄고, 유혹도 준다. 반면에 혼자 살고, 혼자 일하다 보면 자기도 모르게 시험에 들고, 유혹에 빠질 수 있다. 그 확률이 높아진다. 그래서 성경은 함께 모이라고 권한다. 함께 모이기를 힘쓰라고 권한다. 그렇다. 혼자 놀지 말고, 혼자 다니지 말고, 혼자 독불장군처럼 잘난 체하지 말고 함께 모여야 한다. 함께 어울려야 한다. 동종 업종끼리 함께 모여야 한다. 동종 직책끼리 함께 모여 교제하고 삶을 나누어야 한다. 고민도 나누고, 기도 제목도 나누어야 한다. 그래야 잘 설 수 있다. 그래야 건강한 삶을 살 수 있다.

혼자 지내는 것도 물론 유익이 있을 수 있지만, 이왕 신앙생활, 교회 생활하는 것 함께 더불어 어울려서 지내도록 하자. 건강하고 행복한 신앙생활의 지혜다. 절대 혼자 지내지 말자. 잘났건 못났건 겸손히 어울리자. 어울려보자. 그곳에 천국의 기쁨도 있고, 그곳에 교제의 기쁨도 있고, 그곳에 문제 해결도 있지 않을까 싶다. 나도 한때 실패자였다. 나도 한때 우울증으로 힘들었다. 나도 한때 패배자(loser)였다. 나도 한때 삶을 비관하기도 했다. 그런데 나를 오픈하고 어울리다 보니 어느새 나도 모르는 사이에 여기까지 오게 되었다. 결론이다. '혼자 놀지 마라. 어울려서 함께 놀아라.'

32
지혜 · 유머 · folly

배에 구멍 내는가?

랍비가 제자에게 가장 맛있는 것을 사 오라고 하였다. 제자는 시장에 가서 동물의 혀를 사 왔다. 며칠 후 랍비는 가장 싼 것을 사 오라고 하였다. 제자는 이번에도 동물의 혀를 사 왔다. 랍비가 이상히 여겨 그 이유를 물었다. 제자가 랍비에게 답했다. "혀는 잘 쓰면 그것보다 더 달콤한 것이 없지만, 혀를 함부로 사용한다면 그것보다 더 값어치 없는 것이 없기 때문에 그렇게 사 오게 되었다고."

전쟁터에서 상관이 부하에게 명령하였다. "적군은 우리와 숫자가 비슷하니 일대일로 싸워라." 병사 하나가 말했다. "저는 적군 둘을 맡겠습니다." 그러자 옆에 있던 병사가 말하였다. "저는 집으로 돌려보내 주세요."

식당에서 밥 먹던 손님이 말한다. "사장님, 이제 금발 아가씨가 일을 관둔 모양이군요." 이에 사장이 하는 말. "잘 아시는군요." 그러자 손님이 "잘 아는 것은 아니고, 오늘 수프에는 금색 머리카락이 아니라 검은 머리카락이 빠져 있어서"라고 말했다.

성경에는 하나님이 바보를 지켜주신다는 구절이 적혀 있단다. 그 구절을 읽은 바보는 그 말이 옳은지 시험해 보기 위해 창문에서 뛰어내렸다. 결국 바보의 다리가 부러지고 말았다. 그의 아내는 바보 같은 행동을 했다고 바보 남편을 꾸짖었다. 그러자 바보가 말했다. "여보, 나는 바보가 아니야. 하나님이 바보를 지켜주신다고 했는데 내 다리가 부러졌으니 내가 바보가 아니라는 거야. 만약 내가 바보였다면 하나님이 나를 지켜주었을 것이야."

의견 차이로 다툼이 잦던 한 부부가 이혼하기로 결심하였다. 그래서 집이며 땅이며 돈을 모두 반으로 정확히 나누기로 합의하였다. 그런데 자녀가 문제였다. 모두 열한 명이니 반으로 나누어도 한 명이 남는다. 고민하다가 결국 부부는 판사에게 갔다. 두 사람의 이야기를 다 들은 판사는 이렇게 판결하였다. "사람은 돈이나 땅처럼 나눌 수 없으니 자녀를 한 명 더 낳을 때까지 같이 사시오." 부부는 판사의 말을 듣고 아이를 낳을 때까지만 함께 살기로 하였다. 그런데 1년 후 부부는 쌍둥이를 낳았다. 반으로 나누어도 또 하나가 남았다. 부부는 하나님이 이혼을 원하지 않는 것으로 생각하여 지내다 보니 이전보다 더 행복하게 살았다고.

지혜로운 사람에게는 일곱 가지 특징이 있다. 첫째, 자기보다 더 현명한 사람 앞에서 이야기하지 않는다. 둘째, 동료의 말을 가로막지 않는다. 셋째, 성급하게 답하지 않는다. 넷째, 주제에 맞게 질문하고 간결하게 답한다. 다섯째, 두서를 가려서 말한다. 여섯째, 제대로 듣지 못한 것은 이해하지 못했다고 말한다. 일곱째, 진실을 인정한다. 탈무드에 나오는 말이다. 예수님은 교회를 향하여 뱀 같이 지혜롭고 비둘기 같이 순결하라고 하였다(마 10:16).

한 무리의 사람이 배를 타고 가고 있다. 그런데 그들 가운데 한 사람이 송곳으로 자기 좌석 밑에 구멍을 파기 시작한다. 다른 승객이 이 광경을 보고 기가 차서 호통을 친다. "당신 지금 대체 무슨 짓을 하는 거요?" 그러자 이 사람은 아랑곳하지 않고 구멍을 계속 파면서 이렇게 말한다. "당신 일도 아닌데, 무슨 상관이요? 나는 지금 내 자리 밑에 구멍을 파는데, 당신이 무슨 상관이요?" 그 순간 배에 물이 차기 시작한다. 배에 탔던 모든 사람이 그에게 외친다. "야, 배가 가라앉는다. 너 때문에 배가 침몰하고 있다!" 이 어리석고 무지한 한 사람 때문에 배가 침몰의 위기를 맞이했다는 이야기.

나의 무지로, 어리석음과 미련함으로, 욕심과 완고함으로, 궤변과 몰상식으로 내가 속한 크고 작은 공동체에 이런 구멍을 내고 있지는 않은지. 이와 유사한 행동으로 주변 사람에게 불안과 불편을 주고 있지는 않은지. 나만 좋다고 배에 구멍을 내지 말자. 오히려 구멍 난

배를 막고, 고치고, 살리자. 우리 모두 그런 지혜로운 사공, 승객, 선장이 되면 얼마나 좋을까. 미련함과 욕심으로, 궤변과 몰상식으로, 아둔함과 잔꾀로 우리 사회를 좀먹고, 여기저기 구멍 내는 사람들이 가끔 보인다. 그런 지도자들도 가끔 보인다. 교회라도 지혜로워지자. 교회는 여전히 세상의 희망이고, 지혜다. 요사이 지식인은 많은데 지혜자가 부족한 것 같아 마음 아프다.

"지혜로운 여인은 자기 집을 세우되 미련한 여인은 자기 손으로 그것을 허느니라"(잠 14:1).

33
지도자(Leader)는 독서가(Reader)

독서를 잘하는 편인가?

빵 가게를 경영하는 집사님이 있었다. 이분이 구워내는 빵은 크기가 매우 작아 동네 사람들의 비난을 샀다. 그런데 이 집사님의 별명은 '대포 집사'였다. 교회에서 대표 기도를 할 때 대포 소리가 나도록 큰 소리로 하기 때문이다. 그날도 힘차게 기도했는데, 교인들의 눈치가 별로 좋아하지 않는다는 것을 느꼈다. 대포 집사님은 상한 마음으로 목사님을 찾아가서 상담했다. "사람들이 왜 저를 싫어하는지 모르겠어요. 저는 능력 있게 살려고 힘차게 기도하는데 말입니다." 목사님은 진지하게 권면해 주었다. "기도 소리는 줄이고, 빵 크기를 늘리세요." 한재욱이 쓴 《인문학을 하나님께》에 나오는 이야기이다.

시인 정채봉 님이 쓴 〈만남〉이라는 시가 있다. "가장 잘못된 만남은 생선과 같은 만남이다. 만날수록 비린내가 묻어오니까. 가장 조심해야 할 만남은 꽃송이 같은 만남이다. 피어 있을 때는 환호하다가 시들면 버리니까. 가장 비천한 만남은 건전지와 같은 만남이다. 힘이 있을 때는 간수하고 힘이 다 달았을 때는 던져 버리니까. 가장 시간이 아까운 만남은 지우개 같은 만남이다. 금방의 만남이 순식간에 지워져 버리니까. 가장 아름다운 만남은 손수건과 같은 만남이다. 힘이 들 때는 땀을 닦아 주고 슬플 때는 눈물을 닦아 주니까."

경계선 성격 장애가 있는 사람들을 조심해야 한다. "경계선 성격 장애를 가진 사람들은 끊임없이 이 경계를 무너뜨리려 한다. 자신을 중심으로 사람들 사이의 경계를 가로지르고, 경계를 지켜야 할 곳에서 경계를 무너뜨리고, 경계가 없던 곳에 선을 그어 갈등을 일으키는 사람이 있다면 경계선 성격 장애를 가졌다고 할 만하다." 이승욱의 《상처 떠 보내기》에 나오는 글이다. 다윗을 괴롭힌 시므이에게서 경계선 성격 장애를 찾아볼 수 있다(삼하 16:5-14).

"리더는 오해의 쓴잔을 마시며 성장한다. 누구도 마시고 싶어 하지 않는 오해라는 쓴잔을 마시는 것은 리더에게 필수다. 모든 사람에게 사랑받고, 모든 사람에게 인정받는다면 그는 진정한 리더가 아니다. 진정한 리더는 반드시 반대에 직면하기 마련이다. 오해를 받는 것은 고통스러운 경험이다. 무엇보다 동기의 순수성을 오해받는 것은 더욱 고통스럽다. 하지만 리더는 오해의 쓴잔을 피할 수 없다. 리더는 오해를 통해 성장하고 무르익는다. 리더는 견디고 또 견디는 사람이다. 두려움 중에도 전진하는 사람이다. 책임을 지는 사람이다. 경청하는 사람이다. 배신의 아픔을 이기는 사람이다. 조용히 성장하는 사람이다. 격리의 시간을 낭비하지 않은 사람이다. 분노를 잘 다스리는 사람이다. 저항을 통해 진보를 이루는 사람이다. 신중히 결정하는 사람이다. 어둠을 통해서도 배우는 사람이다. 뒷모습이 아름다운 사람이다." 강준민이 지은 《리더의 고독》에 나오는 글귀다.

"결국 오래오래 달려서 완주할 수 있는 가장 좋은 방법은 무리하지 않는 선에서 나만의 속도로 달려가는 것임을 비로소 알게 되었습니다. 어쩌면 일도 삶도 마찬가지 아닐까요. 누군가에게 뒤처지기 싫어서 제 속도를 잃어버리고 다른 사람에게 속도를 맞춰서 더 이상 뛸 힘이 없어지게 되는 것처럼, 결국 중요한 것은 느리더라도 어딘가로 향하고 있으니, 걱정하지 말고 나만의 속도를 찾으면 된다는 것입니다. 멈춰있지만 않으면 언젠가는 반드시 도착할 테니까요." 김상현의 《당신은 결국 해내는 사람》에 나오는 글귀다.

"강함이 처음에는 이기는 것 같지만 결국 부드러움이 이긴다. 목적 성취를 위해 서두를 필요가 없다. 오늘 못하면 내일하고 내일 못하면 모레 하면 된다. 열심히 했지만 안 되는 일도 있고, 또 성공적으로 잘 되는 일도 있다. 예수님이 오시기까지 열심히 하는 그 자체가 중요하다. 하나님은 나의 성과를 보시지 않고 나의 성실함을 보신다." 이춘복이 지은 《쉬운 목회》에 나오는 글이다. 지도자(Leader)는 독서가(Reader)다. 잊지 말자. 요즘 독서는 잘하고 있는 편인가?

34
직선과 곡선

성품이 어떠한가?

"나는 구부러진 길이 좋다

구부러진 길을 가면 나비의 밥그릇 같은 민들레를 만날 수 있고

감자를 심는 사람을 만날 수 있다

날이 저물면 울타리 너머로 밥 먹으라고 부르는

어머니의 목소리도 들을 수 있다

구부러진 하천에 물고기가 많이 모여 살 듯이

들꽃도 많이 피고 별도 많이 뜨는 구부러진 길

구부러진 길은 산을 품고 마을을 품고 구불구불 간다

그 구부러진 길처럼 살아온 사람이 나는 또한 좋다

반듯한 길 쉽게 살아온 사람보다 흙투성이 감자처럼

울퉁불퉁 살아온 사람의 구불구불 구부러진 삶이 좋다

구부러진 주름살에 가족을 품고 이웃을 품고 가는

구부러진 길 같은 사람이 좋다."

이준관의 〈구부러진 길〉이라는 시다.

그렇게 구부러진 길이 좋다. 직선보다 곡선이 좋다. 사람도 그렇다. 둥글둥글한 사람, 넉넉한 사람이 좋다. 여유가 있는 사람이 좋다. 직선적인 사람보다 우회적인 사람이 좋다. **빡빡**하게 사는 사람보다 여백이 있는 사람이 좋다. 퉁명하고 불친절한 사람보다 서글서글하고 상냥하고 친절한 사람이 좋다. 예수님도 온유하고 겸손하셨다. 곡선이요 맘 넓고 친절한 분이 아니었을까. 간음하다 붙잡혀 온 여인을 대하는 주님의 모습 속에서 그 감정을 느낄 수 있다. 그렇게 주님의 마음은 넓으셨다. 마음이 넓어야 온유하고, 겸손해진다. 맘 좁으면 절대 온유하거나 겸손할 수 없다. 온유는 길든 야생마에게서 찾아볼 수 있는 최고의 성품이다. 따뜻하고 부드러운 성품은 말 그대로 곡선이다. 온유가 있을 때 힘을 조절할 수 있고 여유로울 수 있다.

어느 학교에서 선생님이 학생들에게 물었다. 세상에서 가장 큰 것이 무엇이냐고. 그랬더니 학생들이 이런저런 답을 하였다. 우리 아빠예요. 코끼리예요. 그런데 어떤 아이가 눈이라고 했다. 왜 눈이냐고 물으니 그 학생의 대답이 이랬다. 눈으로 아빠도 볼 수 있고, 코끼리도 볼 수 있기 때문이라고. 어린 학생은 말 그대로 철학자였다. 눈은 마음의 문이다. 그렇다면 눈보다 더 큰 것이 무엇일까? 마음이다. 마음이 넓으면 둥글 수밖에 없다. 그러니 세상에서 가장 큰 것은 사람의 마음이다. 성인군자나 대인배는 늘 마음이 넓다. 직선이 아니라 곡선이다.

나의 직업은 사람을 대하는 일이다. 매일 사람을 만나고 대한다. 목사로 살았으니 얼마나 많은 사람을 대하고 만났겠는가. 앞으로도 그럴 것이다. 많은 사람을 만나면서 깨달은 것이 하나 있다. 성품이 좋은 사람에게 마음이 끌린다는 것이다. 그 좋은 성품이란 것은 직선이 아니라 곡선이었다. 둥글둥글한 사람, 상냥한 사람, 타인을 배려하는 사람, 실수도 품어주는 사람, 친절한 사람, 칭찬하는 사람, 감사를 아는 사람, 여유를 가진 사람, 타인의 허물을 덮어주는 사람, 비방하지 않는 사람, 유머가 있는 사람, 긍정과 믿음의 사람. 이런 사람에게 마음이 끌린다. 그런데 그런 사람을 만나기가 쉽지 않다. 다들 성품의 한계를 지니고 산다. 내면의 상처가 있다. 그 상처가 직선을 만든다. 직선적인 사람은 대하기 힘들다. 자신이 가장 옳은 줄 안다. 타인은 다 틀렸다고 생각한다. '천상천하 유아독존'이다. 혼자만의 세상에 산다. 자신이 가장 잘나고 똑똑한 줄 안다. 에너지를 빼앗는 사람이다. 희망과 꿈을 자른다. 멀리해야 한다. "구부러진 말을 네 입에서 버리며 비뚤어진 말을 네 입술에서 멀리하라"(잠 4:24).

둥글둥글하고 상냥하고 모난 곳이 없고 친절한 곡선 같은 사람 어디 없나. 구부러진 길을 가다 보면 만나게 된다. 유유상종이다. 곡선의 인생은 곡선을 만나게 된다. 그대는 직선인가 곡선인가? 한번 그려보시라. 얼마 남지 않은 인생, 편안함을 제공하는 사람이 되자. 누가 마음이 맞는 사람인가? 첫째, 말이 통한다. 둘째, 편안하다. 셋째, 가치관이 맞다. 넷째, 별것 아닌 말도 즐겁다. 이런 사람이 맘이 맞는 사람이다. 얼마 전 어느 분을 만났다. 저녁을 하며 세 시간이 훌쩍 흘렀다. 또 다른 부부를 아내와 함께 만났다. 5시간이 훌쩍 흘렀다. 필시 맘이 맞는 사람들이다. 식사 시간 내내 행복하고 즐거웠다. 이런 마음 맞는 사람이 있다면 정말 삶은 재미있을 것이다. 하나님의 마음에 합하였다고 하는 다윗이 그런 사람이 아니었을까. 하나님의 마음에 맞는 사람이 된다면 얼마나 좋을까. 그렇게 살려고 노력하였다. 하지만 하나님이 어떻게 생각하시는지는 모르겠다. 올라가 봐야겠다.

구부러진 길, 곡선으로 걷자. 말도, 성품도 곡선으로. 천천히 가도 목적지에 도달한다. 자기 페이스가 중요하다. 인생은 원래 홀로 걷는 것이니까. 비교도 경쟁도 하지 말자. 뚜벅뚜벅 구부러진 길을 즐기면서 걷자. 그게 인생이 아니든가. 젊은 시절 경쟁과 비교에 절어 있을 때 내 페이스가 아닌 경쟁자의 페이스로 걸었던 적이 있다. 그렇게 걷다 보니 가랑이가 찢어지는 줄 알았다. 이제는 그러질 않는다. 느긋하게 자기 페이스로 즐기면서 걷자. 그렇게 걷다 보면 마음에 맞는 사람도 만나게 될 것이다.

35
안성수양관

아름다운 추억이 있는가?

사랑의교회 안성수양관은 추억의 장소. 30대 청춘을 사랑의교회 부목사로 있을 때 자주 찾은 곳이니까. 그때 건립되었다. 교우들과 가족들과 동역자들과 얼마나 많이 갔는지 모른다. 그렇게 아름다운 추억이 많다. 서울로 다시 돌아와 담임 목회할 때도 가끔 찾았다. 고옥한흠 목사님 추도예배 때만 되면 옛 동역자들이 함께 예배를 드렸다. 고인의 묘지도 가고 말이다. 이후 한동안 찾지 못했다. 그러다가 수년 만에 찾았다. 총회 목회자 아카데미 영성 회복 캠프 위원으로 섬기려고. 아니, 먼저 은혜받으려고. 많은 분이 등록하였고 시간마다 은혜가 되었다. 꼭 젊은 시절 신학교 수업받는 느낌이었다.

이번 캠프는 특별히 설교 클리닉에 초점이 맞추어져 있었다. 오랜 습관인 설교가 금방 바뀌질 않는다. 자신만의 설교가 이틀 집중 강의 듣는다고 바뀌겠는가. 하지만 여러 도전과 도움이 되는 것들이 많앉다. 목회자도 재교육이 필요하다. 3년이면 학교에서 배운 것을 다 잊어버린다. 그러니 3년마다 재교육 차원에서 이런 영성 캠프와 목회 클리닉에 참여하면 유익하다. 수고하고 섬기는 임원들과 위원들이 고맙다. 무엇보다 목회자를 세우기 위해서 수고하시는 총회장님의 수고가 정말 귀해 보인다. 함께 참석한 노회 목사님들이 그런다. 매년 이런 목회자를 위한 영성 회복 캠프가 있으면 좋겠다고.

삶은 추억이다. 늙어 누워지낼 때 남는 것은 두 가지뿐이다. 추억과 사진. 그러니 건강할 때 좋은 추억을 많이 만들어야 한다. 사진도 많이 찍고. 고 옥한흠 목사님의 묘지를 찾았다. 지난날 그분과 함께했던 아름다웠던 추억이 떠올랐다. 그 순간이 행복하였다. 목회자의 복 중의 하나가 좋은 지도자와의 만남이다. 30대 부목사 시절 참 좋은 담임목사님을 만나 행복했다. 지금도 당시 그분의 지도를 받았던 동역자들이 모이면 그 시절 그때의 이야기를 하면서 행복해한다. 야단도 맞았지만, 다 아름다운 추억이라고. 그럴 때면 그 시절로 돌아가는 것 같다.

교역자 생활을 오래 하였다. 담임목사님들과 대부분 좋은 추억을 가졌다. 신세원, 장영춘, 옥한흠, 송용걸 목사님. 모두가 추억이다. 이분들과 동역하면서 좋은 추억들을 많이 쌓았다. 다들 보고 싶다. 하지만 대부분은 천국에 가셨고 두 분은 미국에 계셔서 만나기가 쉽지 않다. 그저 좋은 추억으로 간직할 뿐이다.

그렇다면 나는 어떤 담임목사로 기억될까? 내 곁을 스쳐 지나간 교역자도 많다. 그들이 오랜 시간 지난 후에 나를 어떤 추억으로 떠올릴까? 나빴다는 추억보다 좋았다는 추억이면 좋을 텐데. 교역자들에게 더 잘해주어야 하겠다는 생각뿐이다. 옥한흠 목사님의 자율시스템이 인상적이었다. 전적으로 교역자를 믿어주었다. 여름과 겨울에 충분히 연구하고 쉴 수 있도록 배려해 주셨다. 출퇴근도 자율이었다. 한 주에 한 번 모이는 전체 교역자 회의를 빼고는 말이다. 지금 생각해 보면 파격적이었다. 그러기에 그분이 더 그립고 보고 싶다. 언젠가 은퇴하신 옥 목사님을 한 번 찾아갔다. 내가 물었다. "형님, 왜 당시에는 교역자들에게 그렇게 무섭게 하셨어요?" 그랬더니 이렇게 말씀하신다. "그렇게 하지 않으면 그 많은 교역자를 통제하기가 어려웠기 때문이야." 그 말씀에 동의한다. 하지만 개인적으로 만나면 정말 따뜻한 분이셨다. 자상하시고, 인자하신 옥한흠 목사님. 설교 강단에서는 열변을 토해내셨지만 정말 맘이 따뜻하고 정이 많은 분이셨다. 그런 지도자를 또 어디서 다시 만날 수 있을까.

모든 것이 추억이다. 난 지도자의 복이 많다. 모든 것이 아름다운 추억으로 남는다. 나를 만나는 모든 이들에게 좋은 추억을 남겨주면 좋겠다. 생각 속에 떠오르면 '아이, 보기 싫다'보다 '정말 좋았지, 정말 좋았어.' 그런 미소와 여운을 남겨주는 추억 듬뿍 인생이 되면 좋겠다. 신앙을 떠나 인간은 인간으로 만나야 한다. 사람을 사람으로 대해야 한다. 그 중심에는 사랑과 인격이 숨겨져 있다. 예수님이 그랬다. 보기 좋은 인간, 그립고 또 만나보고 싶은 인간으로 살다 가자. 만남은 잠깐이다. 하지만 추억은 영원하다. 상대에게 어떤 인상을 남길 것인가? 그것은 전적으로 자신의 몫이다. 추억 듬뿍 인생이 되자.

36
4급, 5급, 6급 그리고 도적

어떤 부류의 지도자인가?

4월 10일 총선에 1급과 2급 정도의 수준 높은 사람들이 당선되어 국회로 가야 한다. 왜 그럴까? 법을 만드는 국회의원은 누구보다 도덕적, 인격적, 윤리적으로 본을 보이는 지도자가 되어야 하기 때문이다. 그들의 등을 보고 배울 수 있는 사람들이 국회의원으로 세워져야 한다. 하지만 언론에 보도되는 내용을 살펴보면 걱정되는 일이 많다. 교회도 마찬가지다. 교회 정치하려는 이들은 모두 1급과 2급이 되어야 마땅하다.

"1급 대신은 그릇이 크고 확고한 신념을 지니고 있다. 또한 시세를 내다볼 줄 알며 위기관리 능력이 있다. 국민에게 많은 행복을 안겨주지만, 전혀 기색을 내보이지 않는다. 2급 대신은 일을 신속히 처리하고 의견도 당당히 제시한다. 자신의 집처럼 나라를 사랑하고, 자신의 몸처럼 시국을 걱정하는 진지한 자세를 가지고 있다. 3급 대신은 그저 시세에 따라, 이제까지의 관습에 따라 행동하며 특별히 득이 되지 않고 해도 끼치지 않는다. 4급에 이르면 인기에 집착하고 보신주의에 빠져 국가의 안위 따위에는 관심이 없다. 5급 대신은 공명심과 권세욕만 강해 이기적이며 사람들과 다투고 국정에 해를 끼친다. 최악의 대신인 6급은 권세를 이용해서 나쁜 짓을 하고, 착한 이를 모략하고 양민을 괴롭히며, 국가에 피해를 주고 인망을 잃는다." 16세기 중국 명나라 지혜로운 정치가 여곤이 쓴 《신음어》에 나오는 글귀다.

또 성인이란 어떤 사람을 말하는 것일까. 여곤은 이렇게 묘사한다. "명예나 사리사욕에 집착하지 않으며 아침부터 밤까지 자신이 해야 할 일을 당연하게 하는 사람, 바로 이런 사람을 성인이라 한다. 명예나 사리사욕을 위해 아침부터 밤까지 실행하는 사람, 이를 현인이라 한다. 그러나 명예나 사리사욕을 추구하지 않고, 덕행을 쌓지 않으며 일도 하지 않는 사람들이 대다수이다. 반면에 명예나 사리사욕에 집착하고 새나 짐승처럼 교활하게 행동하는 사람, 이를 도적이라 한다." 성인을 뽑을 것인지, 현인을 뽑을 것인지, 아니면 도적을 뽑을 것인지. 그것은 전적으로 백성의 몫이다. 수준 높은 백성이라면 누구를, 어떤 인물을 뽑아야 할지를 안다. 제발 이번 총선에는 도적이 안 뽑히면 좋겠다. 성인이 아니면 적어도 현인이라도 뽑히면 얼마나 좋을까.

교회 정치도 마찬가지다. 정치가 바르게 되어야 나라도 교회도 바로 선다. 정치가 바로 서려면 제대로 된 정치인이 뽑혀야 한다. 교회는 성인이 정치를 해야 한다. 너무 지나친 기대인지 모르겠다. 갈수록 점입가경에 아전인수다. 양심이 보이질 않는다. 양심적인 인물을 찾기 힘들다. 그래도 그 안에 성인도 있고, 1급도 있고, 2급도 있다. 희망이다. 이 희망의 물결이 점점 확산되면 얼마나 좋을까.

사순절 기간을 통과하고 있다. 고난주간을 앞두고 있다. 십자가를 지고 자기를 부인하며 따르라고 예수님은 말한다(마 16:24). 자기 부인 없이 바른 신앙생활 하기는 어렵다. 욕망과 욕심을 내려놓아야 한다. 사익을 내려놓고 대의를 따라야 한다. 경쟁심, 오만, 다른 사람을 깔보는 마음, 화려하고 사치스러운 것에 끌리는 마음, 성급함, 경박함, 명예나 평안에 집착하는 마음, 인기영합주의는 자기 부인의 삶을 방해한다. 세상엔 헛된 욕망과 욕심이 가득 차 있다. 이기심과 변명뿐이다. 인정하지 않는다. 빠져나갈 구멍만 찾는다. 오리발 내미는 선수가 너무 많다. 궤변이 난무한다. 잘못을 겸허히 인정하는 지도자는 거의 없다. 끝없는 자기변명. 가인의 후손들이 판을 치는 것 같다.

동생을 죽인 가인에게 여호와께서 네 아우 아벨이 어디 있느냐고 물으셨다. 그랬더니 가인이 이렇게 답한다. "내가 내 아우를 지키는 자니이까"(창 4:9). 참 기가 찬다. 얼마나 뻔뻔한가. 오리발을 내민다. 예수의 성만찬 자리에도 이런 자가 있었다. 이런 뻔뻔함이 우리 사회

구석구석에 만연해 있다. 정치계, 종교계도 예외가 아니다. 혀를 차게 될 때가 한두 번이 아니다. 바리새인 같은 위선자들이 지도자가 되면 나라는 어떻게 될까. 부디 정직한 지도자들이 뽑혀서 국회가 운영되고, 법이 만들어지면 좋겠다. 변방의 목사는 그저 기도할 뿐이다. 적어도 4, 5, 6급과 도적은 국회의원이 되지 말기를 기도할 뿐이다.

37
레오(Leo) 같은 리더

누가 진정한 리더인가?

전쟁 이후 순례자들은 정신적 영적 각성을 위하여 순례를 떠났다. 순례 도중에 멸시와 방해를 받기도 했지만, 젊은이들이 동참해 함께 걷는 좋은 체험도 했다. 이러한 순례길에 가장 힘이 되어 주는 사람이 있었다면, 단연 하인 레오(Leo)였다. 그는 허드렛일하며 섬기고, 노래를 부르거나 악기를 연주하며, 지친 여행 속에서 쉼터가 되어 주었다. 불평이나 하소연을 들어주었고, 가야 할 방향을 친절하게 안내하고, 격려도 해주었다. 잘 진행되던 순례는 어느 날 하인 레오가 실종된 후 혼란에 빠졌다. 그 후 순례자들은 서로 갈등하게 되고 무기력해졌으며, 믿음이 사라지고 가치와 의미를 잃게 되었다. 그때 비로소 그들은 사라진 레오 같은 사람이 진정한 리더가 아닌가 깨닫게 되었다. 그리고 후일에 하인 레오가 사실은 그들이 속한 교단의 지도자였다는 사실이 밝혀진다. 지도자가 하인이 되어 그들과 함께했던 것이다. 헤르만 헤세의 《동방순례》에 나오는 이야기다.

지도자 생활 오래 하고, 특히 목사, 장로 생활 오래 하다 보면 자신도 모르게 섬기는 것보다 대접받는 일에 익숙해진다. 14년 전에 동도교회에 담임으로 부임했다. 부임 초창기부터 지금껏 빼놓지 않고 하는 것은 교인들과 식사 때 컵에 먼저 물을 따르는 일이다. 수저를 먼저 챙겨드리고, 컵에 물을 따른다. 강단 아래서 담임목사요, 당회장으로서 할 수 있는 최선의 섬김이라고 생각하였다. 지금껏 누구를 만나든지 또한 부교역자들과 식사할 때도 마찬가지다. 큰 자가 섬기는 자라는 예수님의 가르침을 실천하기 위해 노력한다.

리더는 대접받는 일에 익숙해지지 않으려고 몸부림쳐야 한다. 요즘은 세상 지도자도 섬김의 지도력을 강조한다. 하물며 레오(Leo) 지도력의 본이 되신 예수님을 믿고 따른다고 하는 교회 리더와 지도자들은 어떠해야 하겠는가. 당회와 노회와 총회의 지도자들을 관찰해 보면 대다수 대접받는 일에 익숙해져 있다. 당연하게 여긴다. 하지만 교계 지도자 가운데 높은 지위임에도 불구하고 섬김의 본을 보이는 지도자를 보면 감동이다. 신발 뒷정리를 하고, 신발을 바로 놓아주기도 한다. 식탁에서 냅킨과 수저를 먼저 놓아주고, 컵에 먼저 물을 부어준다. 수저도 먼저 챙긴다. 이런 섬기는 리더를 볼 때 고개가 절로 숙여진다. 당회장, 시찰장, 노회장, 총회장, 교단장, 국회의원과 장관과 대통령이 이런 레오(Leo)의 지도력을 보여주면 어떨까. 허드렛일로 섬기고, 노래를 부르거나 악기도 연주하고, 지친 여행 속에서 쉼터가 되어 주고, 불평이나 하소연을 들어주고, 가야 할 방향을 친절하게 안내하고, 격려도 해주면 얼마나 좋을까. 이런 레오 같은 리더가 너무 그립다.

한 해 동안 부노회장으로 섬겼다. 이번 회기를 섬긴 노회장님은 레오였다. 덕분에 행복했고 섬김의 도전을 많이 받았다. 얼마나 겸손하신지. 예수님의 성품을 많이 보았다. 그 모습이 진한 여운과 감동으로 다가왔다. 교회 지도자는 자신도 모르게 세상 지도자를 닮아간다. 강단에서 높은 자는 섬기는 자가 되어야 한다며 설교한다. 하지만 정작 자신은 강단 아래에서는 대접받고, 힘 자랑하기를 좋아한다. 자기도 모르게 세상 지도자를 닮아간다. 노회 시즌이다. 레오 같은 리더가 각 노회에서 많이 선출되면 좋겠다. 우쭐하고 무게 잡고 자기 힘 자랑하고 대접받는 것에 익숙한 그런 지도자는 사양한다. 어깨에 힘주고 다니는 세상 지도자를 닮은 리더는 사양한다. 예수님 닮은 레오(Leo) 같은 리더와 지도자가 좋다. 이런 지도자들이 교회 안에 가득 차면 얼마나 좋을까. 그러면 세상이 교회를 향하여 감동하지 않을까. 어디 레오 같은 리더 더 없나.

38
리더의 옥편

성공 비결이 무엇일까?

　김성곤이 쓴 《리더의 옥편》에 보면 이런 글이 있다. "범이불교(犯而不校), 이 사자성어의 뜻은 무례를 당해도 따지지 않고 참는다, 보통 도량이 넓고 인내심이 강한 사람을 칭송할 때 씁니다. 인욕부중(忍辱負重), 이 말은 치욕을 참고 책임을 진다는 뜻입니다. 사마천은 궁형이라는 치욕을 참고 중국의 위대한 역사서 〈사기〉를 완성하였습니다. 궁형은 남자의 고환을 실로 묶어 떨어져 나가게 만드는 치욕적인 형벌입니다. 하루에도 아홉 번 장이 뒤틀리는 고통을 참아내었습니다. 유비는 스스로의 생존을 위해 조조의 참모가 되어 스스로 몸을 낮추고 그 모든 수모를 참았습니다. '하늘이 장차 그 사람에게 큰 사명을 주려고 할 때는 반드시 먼저 그의 마음과 뜻을 흔들어 고통스럽게 하고, 그 힘줄과 뼈를 굶주리게 하여 궁핍하게 만들어 그가 하고자 하는 일을 어지럽게 하나니, 그것은 타고난 작고 못난 성품을 인내로써 담금질하여 하늘의 사명을 능히 감당할 만하도록 그 기국과 역량을 키워주기 위함이다.' 맹자의 말입니다. '위대한 계획도 자그마한 인내가 부족하기 때문에 헛된 것이 될 수 있다.' 공자의 말입니다."

예수님은 인류 구원의 완성을 위하여, 저와 여러분의 구원을 위하여 그 많은 고난과 치욕을 참으셨어요. 그리고 구원을 이루셨다. 마침내, "다 이루었다. I finished"라고 말씀하시면서 성부 하나님께서 성자 하나님이신 예수 그리스도에게 분부한 구원자의 사명을 완수하시고, 십자가에 죽으시고, 부활 승천하셨다. 그리고 지금은 우주의 왕이 되셔서, 온 세상과 우주 만물을 통치하고 계신다. 그리스도의 인내가 이 영광스러운 구원 사역을 감당하도록 만든 것이죠. 그 중심에 십자가를 참으사, 부끄러움을 개의치 않으신 예수 그리스도의 인내가 있었던 것이다.

그렇게 인생은 참고 또 참는 것이다. 신앙도 참고 또 참는 것이다. 신앙이 깊을수록 잘 참고, 주님을 더 닮아갈수록 잘 참고, 성령 충만할수록 잘 참는다. 참지 못함은 우리의 믿음이 없기 때문이다. 나 역시 평생 신앙 생활하면서 그리스도의 인내에 대한 도전을 많이 받는다. 그리스도의 인내가 우리의 인내가 되면 얼마나 좋을까. 참는 자는 성경의 말씀대로 복이 있다. 참으면 성공할 것이고, 승리할 것이다. 참으면 뜻한 바를 이룰 것이다. 믿음으로 참고 기도하면 응답이 있지 않을까.

39
1942 세인트 솔저

왜 교만할까?

주중에 영화 한 편을 보았다. 얼마나 많이 울었는지. 또 얼마나 많이 감사했는지. 시대를 잘 타고 나서, 얼마나 하나님께 감사했는지. 2차 대전 때 유대인들이 학살당하고, 고통당하는 영화이다. 실화다. 독일군이 소련 땅 벨라루시를 점령하자 이곳에 거주하는 유대인들이 무참하게 학살당한다. 그 와중에 소련군 장교인 니콜라이와 부대원들이 노인, 어린이, 여성을 포함한 유대인 237명을 탈출시키려고 1,500킬로 이상의 거리를 호위한다. 도중에 독일군과 전투를 치르기도 한다. 그렇게 나치로부터 유대인을 구출하는 내용이다. 또 다른 작은 출애굽의 역사라고나 할까. 또 다른 〈쉰들러 리스트〉였다. 유대인으로 태어난 것이 무슨 죄이길래, 독일군이 유대인을 무참하게 학살하는지. 사람이 아니라 악마다. 이 영화를 보면서 많이 울고, 역사 앞에 감사하였다. 그 시대에 안 태어난 것이 감사하다. 좋은 시대에 태어난 것이 감사하다. 악의 덫에 걸려들지 않은 것이 감사하다. 무엇보다 하루를 버틸 수 있다는 것이 감사하다. 이 자유와 풍요의 하루가 감사하다. 목숨이 붙어 있는 것이 감사하다. 매일 자유롭고 편안하게 사는 것이 감사하는 생각이 들었다.

우리 가운데는 이런 전쟁과 학대와 억압과 고난의 역사를 통과한 분들이 계신다. 얼마나 귀한 분들인지. 그 시간을 통과하여 여태껏 살아 숨 쉬고 있다고 하는 것이, 이렇게 좋은 세상에서, 태평성대와 같은 이 좋은 역사 시대에 살고 있다는 것이 얼마나 감격스러운지. 그렇게 고난의 역사는 우리를 겸손하게 만들죠. 개인이 당한 고난의 역사도 마찬가지 아니겠어요. 고난을 통해서 다윗은 더욱 기도의 사람으로, 믿음의 사람으로 거듭난 것이 아닐까. 고난을 통해서 그가 더 겸손한 사람으로, 감사의 사람으로 거듭난 것이 아닐까. "고난당한 것이 내게 유익이라 이로 말미암아 내가 주의 율례를 배우게 되었나이다"(시 119:71).

고난의 역사를 잊지 말고 늘 기억하면 얼마나 좋을까. 개인의 고난, 민족의 고난, 교회의 고난을 늘 기억하고, 자주 기억하면 얼마나 좋을까. 누구보다 우리 주 예수 그리스도의 고난, 우리를 살리시려고 십자가에서 우리 대신 고난당하신 주님의 고난을 자주 기억하고 묵상하고, 찬양하면 얼마나 좋을까. 그것이 힘이 되고, 위로가 되지 않을까. 고난이 참 인생을 만들어 가는 것이죠.

40
성품이여, 온전하소서

마 11:29

2022.1.16. 주일 설교 전문

    고등학교 시절입니다. 어느 선생님은 툭하면 학생들을 때립니다. 손으로 때리고, 두꺼운 출석부로 때리고, 특히 머리를 잘 때립니다. 화가 날 때는 발로 가슴을 차기도 합니다. 이보다 더한 폭력도 있습니다. 욕도 잘하십니다. 화를 다스리지 못하는 선생님.

    초등학교 시절 어느 담임선생님은 술을 좋아하십니다. 코가 항상 빨갰습니다. 학생들은 딸기코라는 별명을 지었습니다. 자주 술 냄새를 풍기면서 교실로 들어오십니다. 화가 날 때는 막대기로 많이 때립니다. 돈 많은 학생을 좋아하십니다. 반장의 엄마는 술집 요정 주인이었습니다. 제가 뭘 잘못했는지 모르겠는데, 어느 날, 반장과 다투었습니다. 그랬더니 다짜고짜 제가 잘못했다면서 앞으로 불러내어 밀걸레 막대기로 엉덩이를 사정없이 때렸습니다.

    교육전도사 시절 만난 어느 부감 집사님. 고집이 셉니다. 본인이 원하는 대로 하길 원하십니다. 어느 날 의견 충돌로 화가 나셨든지, 저를 교회 지하실로 데리고 가십니다. 화를 내고 야단을 치십니다. 삿대질하고 소리를 치십니다.

교회서 만난 어느 권사님, 늘 담임목사님을 험담하십니다. 듣기가 정말 거북했습니다. 가만히 보니까, 모든 교회 성도들을 험담하십니다. 시기, 질투도 하십니다. 제가 주일날 주보를 만들어 오면 틀린 글자를 찾아내서 야단을 치는 분. 그런데 오류가 없는 날에는 칭찬한 적이 한 번도 없습니다. 지적은 잘하는데, 칭찬에는 인색하십니다.

알지도 못하는 어느 여자 교인이 전화를 걸어서 다짜고짜 욕을 하고 협박을 하십니다. 자기를 너무 좋아하지 말라고. 심지어는 교회 앞에서 사람들에게 그렇게 소리를 칩니다. 자기에게 전화를 하고, 자기를 좋아한다고. 저도 황당하고, 아내도 황당했습니다.

어느 분은 거짓말을 잘합니다. 원하는 대로 해오면 그렇게 해주시겠다고. 그런데 그렇게 해가면 안 해주시겠다고 오리발을 내미십니다. 내가 언제 그런 말을 했냐면서. 한두 번이 아닙니다. 어느 장단에 춤을 춰야 할지. 이분은 잘 삐칩니다. 자기 말을 들어주지 않으면 교회 나오지 않겠다고. 툭하면 그러십니다. 한두 달도 좋습니다. 자기 뜻대로 해주면 다시 교회에 나오신다고. 얼마나 잘 삐치시는지. 이분은 예와 노를 분간할 수 없습니다. '예스'가 '노'인 것 같고, '노'가 '예스'인 것 같습니다. 어디까지가 본심인지 알기 힘듭니다.

또 어느 분은 언제나 자기가 대장입니다. 항상 자기 고집, 자기주장대로 하려고 합니다. 누군가 제재하면 화를 내십니다. 어디서나 대장을 해야 직성이 풀리나 봅니다. 그러면서 배후 조종을 즐기는 분이 계십니다. 앞에서는 착한 척, 그렇게 하지 않은 척. 하지만 뒤에서 나쁜 짓은 다 합니다. 쉽게 조종할 수 있는 사람을 통해. 돈이 많아, 돈으로 사람을 매수하고 조종하여 자기 뜻을 이루어 갑니다.

또 완벽주의에 빠진 분이 있습니다. 매사에 완벽하지 않으면 견디질 못합니다. 쉽게 화를 냅니다. 주변 사람들이 실수하면 강하게 질책합니다. 이분 앞에서는 말하기가 힘듭니다. 너무 예민해서 말 한마디 잘못하면 상당히 힘들어집니다. 그러니 만나는 것이 편하지 못합니다. 사납고 공격적이고 우쭐대기를 좋아하고, 자기 과시로 충만하고, 자신이 한 일이 범죄인데도 아무런 양심의 가책도 없이 살아가는 이들도 있습니다. 잘못해도 오히려 큰소리를 칩니다. 자기가 세상의 중심인 줄 알고, 자기가 하는 말이 다 옳다고 믿는 그런 사람들도 있습니다. 지도자에게 순종할 줄 모르면서, 자기가 지도자가 되면 순종하지 않는 사람들에게 화를 내고 욕을 합니다.

정신과 의사로 42년간 평생 사람의 정신과 성격을 연구한 이무석 박사는 말합니다. "인간의 내적 고통은 성격 문제 때문이다." 그러면서 〈11가지 유형의 성격 장애〉가 있다고 합니다. '편집증 성격 장애, 자기애적 성격 장애, 의존 성격 장애, 수동 공격성 성격 장애, 경계선 성격 장애, 반사회적 성격 장애, 연극적 성격 장애, 강박적 성격 장애, 회피성 성격 장애, 정신 분열성 성격 장애, 정신 분열형 성격 장애.' 이렇게 세상에는 성격 결함자, 성격과 정서 장애자들이 많습니다. 지도자 중에도 인성에 문제가 많은 성격 장애인이 있죠. 정서 장애를 극복하지 못한 분도 있어요. 어릴 적 가정환경에서 만들어진 성격입니다. 기독교 상담계 최고의 권위를 가진 데이비드 씨멘스 교수. 그는 성격의 지대한 영향을 미치는 이 '정서적인 상처'들은 쉽게 고쳐지지 않는다고 주장합니다.

교회도 마찬가지입니다. 교회는 불완전한 사람들이 모이는 곳이죠. 불완전한 사람들이 모여, 예수 믿고 거룩한 공동체를 만들어 가는 곳입니다. 완료형이 아니라 진행형입니다. 믿음으로 구원받아 의인이 되고 성도가 되었다고 해도, 예전의 행실이 금방 성화 되지 않습니다. 그 옛 성품이 그대로 드러날 때가 많습니다. 성격적 결함, 성격 장애, 정서 장애입니다. 잘못된 옛 성격으로 인해 관계에 어려움이 생깁니다. 행복한 신앙생활 하지 못합니다. 이로 인해 잡음이 일어나고, 시험에 들기도 합니다. 지도자 한 사람의 성격 장애가 가정과 교회의 행복과 평안을 깨기도 하고, 가정과 교회를 혼란 속에 빠뜨리기도 합니다.

예수님처럼 성품이 온전하면 얼마나 좋을까? 그분의 장성한 믿음의 분량까지 자라면 얼마나 좋을까? 성령의 성품을 닮으면 또 얼마나 좋을까? 이런 성화의 여정이 신앙의 전 과정인 것이죠. 이에 예수님은 복음서에서 〈씨 뿌리는 비유〉를 강조합니다. 신앙의 입문이요, 기본이고 기초요, 정말 곱씹어야 할 주님의 말씀입니다.

오늘 본문 말씀을 보면, 예수님의 대표적인 두 가지 성품이 소개됩니다. '온유와 겸손'입니다. 교회는 이 성품을 본받아야 합니다. 완악한 우리가 예수님의 성품을 배워 온유해지면 얼마나 좋을까요? 온유해지면 땅을 소유하게 되는 축복을 받습니다. 재물의 복을 받습니다. "온유한 자는 복이 있나니 그들이 땅을 기업으로 받을 것임이요"(마 5:5). 교만한 우리가 예수님의 성품을 배워 겸손해지면 얼마나 좋을까요? 겸손해지면 승진과 명예의 축복을 받습니다. "겸손하라 때가 되면 너희를 높이시리라"(벧전 5:6). 하나님이 가장 싫어하는 것이 완악함과 교만이죠.

씨 에스 루이스는 가장 큰 죄가 교만이라고 합니다. 그는 말합니다. "기독교 스승들의 가르침에 따르면 가장 핵심적인 악, 가장 궁극적인 악은 교만입니다. 성적 부정, 분노, 탐욕, 술 취함 같은 것들도 이 악에 비하면 새 발의 피에 불과합니다. 악마는 바로 이 교만 때문에 악마가 되었습니다. 교만은 온갖 다른 악으로 이어집니다. 이것은 하나님께 전적으로 맞서는 마음 상태입니다."

교만은 패망의 지름길입니다. 인류의 시작과 축복은 첫 사람 아담의 교만으로 인해 무너졌습니다. 사울 왕도 교만으로 망했습니다. 교만하다가 정점에서 무너진 이들이 많습니다. 세상에도 교만으로 망한 이들이 많습니다. 오늘의 손흥민을 만들어 낸 그의 부친 손웅정은 아들에게 어릴 적부터 축구를 가르칠 때 겸손을 그렇게 강조했다고 합니다.

여러분의 성품, 성격, 심령의 상태, 정서는 어떻습니까? 사람들의 지지를 받습니까? 그렇지 못합니까? 성경은 육신의 소욕을 벗고, 성령의 열매를 맺으라고 권면합니다. "오직 성령의 열매는 사랑과 희락과 화평과 오래 참음과 자비와 양선과 충성과 온유와 절제니 이 같은 것을 금지할 법이 없느니라"(갈 5:22-23).

지금까지 살면서, 목회하면서 성격 때문에 손해를 보고, 성숙과 성장이 없는 신앙 생활하시는 분들을 볼 때마다 안타까웠습니다. 성격이 맞지 않으면 부부도 함께 못 산다고 하죠. 성격 결함으로, 성격과 정서 장애로 결혼한 부부가 헤어지기도 합니다. 이 일로 자녀들이 상처를 받습니다. 이처럼 성격은 행복하고 원만한 관계에 매우 중요합니다.

앞에서 언급한 인간의 정신과 성품을 연구한 이무석 박사는 다음과 같은 결론을 내립니다. 첫째, 건강한 성격이란 건강한 자아다. 둘째, 성격을 알면 삶이 행복해진다. 셋째, 건강한 성격이 영적 성장을 이룬다. 넷째, 예수님과 지속해서 교제하면 건강한 성격으로 변화된다. 다섯째, 고난을 통과하면 교만과 강퍅함의 껍질이 벗겨진다. 여섯째, 이기심, 열등감, 명예욕, 쉽게 토라지는 버릇은 속히 버려야 할 어린아이의 성격이다. 그러면서 예수님의 성품을 닮아 행복하고 자유로운 삶을 살자고.

저도 유소년과 청소년 시절과 젊은 시절 어느 한때, 성격 결함, 성격 장애, 정서 장애로 힘든 시기가 있었습니다. 우울증, 허무, 열등감, 분노로 힘든 시간을 보냈으니 내면의 상처가 얼마나 많았을까요? 하지만 이것 때문에 오히려 주님께 가까이 갈 수 있었습니다. 십자가를 붙들고 고쳐 달라고, 치료해 달라고. 그랬더니 주님께서 치료해

주셨어요.

에이브러햄 링컨은 아버지의 폭언과 폭력, 아내와의 갈등, 자식을 먼저 떠나보낸 큰 충격, 정치인으로서의 큰 실패감, 이로 인해 우울증에 빠졌습니다. 하지만 그는 이 모든 정서 장애를 신앙의 힘으로 극복했습니다.

윈스턴 처칠은 외모 콤플렉스, 학우의 따돌림, 저조한 학업 성적으로 만성 우울증의 괴로움에 빠졌지만, 탁월한 유머 감각으로 만성 우울증을 극복했습니다.

베토벤은 알코올중독 아버지의 폭력, 짝사랑의 실패, 청력상실, 74번의 이사로 인해 힘겨운 시간을 보낸 그는 많은 병적 장애를 겪었습니다. 하지만 그는 이 모든 것을 음악의 열정으로 극복하고 마침내 음악의 거장이 되었습니다.

미국 최고의 토크쇼 여왕 오프라 윈프리는 성폭행 피해자, 마약중독, 비만으로 고통스러운 삶을 살았지만 신앙과 감사와 독서로 이 모든 정서 장애를 극복했습니다.

노벨경제학상을 탄 MIT 공대 교수였던 존 포브스 내쉬는 45년간 조현병으로 힘겨운 시간을 보내야 했습니다. 이 때문에 교수직에서 물러나기도 했고, 정신 병원에 입원하기도 했습니다.

올림픽 8관왕 마이클 펠프스도 학창 시절 ADHD, 과잉행동 장애를 앓았습니다. 이것 때문에 아무도 성공하지 못할 것이라고 그의 담임선생님은 혹평했습니다. 하지만 그는 어머니의 사랑과 헌신, 수영과 인내와 끈기로 이 성격 장애를 극복하고 마침내 세계적인 수영 선수가 되었습니다.

성격 장애, 정서 장애는 힘겨운 내면의 질병입니다. 하지만 극복할 수 있습니다. 하나님의 사랑과 복음의 능력으로 치유되고 회복될 수 있습니다. 예수님을 지속해서 배우고, 그분과 교제하면 반드시 극복할 수 있습니다.

이무석 박사는 온전한 성격에 대하여 두 가지를 강조합니다. "결국 성격은 가정에서 만들어집니다. 어릴 때 어떤 가정에서 자랐느냐 하는 것이 결정적입니다. 가정을 건강하게 만드는 것이 시급한 과제입니다." 또 그는 말합니다. "인격과 성숙, 한마디로 말한다면, 하나님과 가까워지는 것이 비결입니다. 다른 말로 하면 성령 충만입니다."

행복은 성격에 좌우됩니다. 성격과 성품이 곧 그 사람이요, 인격이요, 인품입니다. 예수님을 배워 우리 모두 더 온유하고 겸손하면 얼마나 좋을까요? 너그럽고 덕스럽고 인자하면 얼마나 좋을까요? 이런 은혜가 가정과 학교와 교회 가운데 임하면 얼마나 좋을까요? 이런 지도자들이 우리 사회 구석구석에 세워지면 얼마나 좋을까요? 온유와 겸손이 바로 신앙의 정답이요, 행복과 축복의 원리요, 성공과 승리의 비결이 아닐까요?

설교를 마칩니다. 그래도 감사한 것은 성격 좋은 분들이 우리 사회와 가정과 교회에 훨씬 더 많다는 것입니다. 이것이 우리가 힘든 가운데서도 살아갈 이유입니다. '성격 좋은 교회가 되면 좋겠다. 성품이 온전한 교회로 칭송받으면 좋겠다. 그렇게 소문나면 좋겠다. 이런 교회 되면 좋겠다. 성품적으로 온전한 우리 사회와 가정, 성품적으로 온전한 우리 대한민국이 되면 좋겠다. 우리 정치권 되면 좋겠다.' 이런 나라, 이런 사회 되기를 축원합니다.

사랑으로 가득한 세상

선교에 헌신한 사람들 존경받고 싶은가?
사랑으로 가득한 세상 이 사랑 가지고 사는가?
참아 주자 잘 참는 편인가?
지혜가 최고다 지혜롭게 살고 있는가?
아내 사랑 남편인 나보다 더 사랑하고 있는가?
목계지덕 흔들림 없이 잘 참고 있는가?
이런 좋은 친구 좋은 친구란 어떤 친구일까?
내 안의 화를 잘 다스리자 화를 다스리면 좋을 점이 무엇일까?
어디 이런 스승 없나 스승은 어떤 존재인가?
말이여, 온전하소서 잠 13:2-3

41
선교에 헌신한 사람들

존경받고 싶은가?

중국 내지 선교의 아버지로 불리는 영국인 선교사 허드슨 테일러. 그는 평생 중국 선교를 위해 헌신하였다. 하지만 그에게 얼마나 많은 환난과 아픔이 있었는지 모른다. 선교지에서 결혼한 아내가 죽고, 두 자녀도 죽는다. 자신도 병에 걸려서 다시 영국으로 돌아왔지만 45세에 다시 중국으로 건너가 평생 중국 선교 사역에 헌신한다. 아내와 자녀의 죽음도, 질병도 그의 선교적 열정과 헌신과 사명을 꺾지 못하였다. 그는 말한다. "선교는 하나님과 함께 일하는 것이다. 만약 흠잡을 데 없이 정직하게 행할 의향이 없다면, 선교사가 되지 않는 것이 좋다. 선교사가 되지 말라는 하나님의 음성을 듣지 못했다면 선교사가 될 시도를 해 보라. 선교사는 으레 어려움을 겪는다. 그러나 그곳에는 언제나 하나님이 함께하신다. 지상 명령은 선택이 아닌 하나님의 명령이다. 중국에서는 양복보다 중국옷이 편하다."

짐 엘리엇을 비롯한 미국의 젊은 다섯 선교사. 이들은 남미 에콰도르 아우카 부족에게 선교 갔다가 모두 순교하였다. 이들은 미국의 명문 대학인 휘튼 칼리지 출신이다. 다들 20대. 짐 엘리엇은 수석 졸업자. 5년 후, 순교한 선교사들의 부인들이 이곳으로 가서 남편들의 선교를 이어갔다. 이후 많은 선교의 열매를 맺었다. 《영광의 문》이라는 책을 통해서 이들의 감동 어린 선교 사역을 읽게 된다. 그 당시 아우카 부족의 추장이 빌리 그래함이 주도하는 한 예배에서 이런 간증을 한다. "우리들은 그분들에게서 복음을 받고 하나님을 얻게 되었습니다. 그 젊은이들의 희생이 아니었다면, 우리는 아직도 그렇게 살고 있었을 것입니다. 그분들의 죽음으로 우리는 빛을 보게 되었습니다."

WEC 선교회(International Worldwide Evangelization for Christ)를 설립한 영국인 선교사 찰스 스터드. 그는 백만장자의 아들이었고, 유명한 크리켓 선수였다. 하지만 그 모든 것을 포기하고 선교사가 되었다. 유산으로 받은 백만 불을 선교를 위해 내놓았다. 평생을 중국 선교를 위해 힘쓰다가 오십이 넘어 "식인종도 선교사가 필요하다"라는 유명한 말을 남기고, 당시 벨기에령이었던 아프리카 콩고로 가서 아프리카 선교에 헌신하였다. 이후 아프리카 선교를 위하여 WEC 선교회를 창설했다. 이 WEC 선교회는 한때 2천 명의 해외 선교사가 소속될 정도로 강력한 선교회였다. 그는 고백한다. "만일 예수 그리스도가 하나님이고, 나를 위해 죽으셨다면, 내가 그분을 위해 하는 어떤 희생도 결코 클 수 없습니다. If Jesus Christ is God and died for me, then no sacrifice can be too great for me to make for Him." 하나님의 나라와 주님을 위하여 선교에 헌신한 사람들이 정말 존경스럽다.

42
사랑으로 가득한 세상
이 사랑 가지고 사는가?

어린 시절, 외삼촌의 장례식에 참석했다. 외삼촌은 어머니의 친오빠는 아니고, 다 커서 입양한 오빠였다. 그 외삼촌의 장례식이 있는 날, 장지에서 하관하는데, 외숙모가 소복을 입고 땅바닥에 주저앉아 그렇게 운다. 땅을 치며 운다. 그 외침이 지금도 생생하다. "왜 나를 더 사랑해 주지 않았어. 왜 나를 사랑해주지 않았어. 사랑해 주고 가지. 왜 사랑해 주지 않았어." 그렇게 땅을 치며 운다. 대성통곡하며 운다.

사울 왕의 최후는 비참했다. 그나마 길르앗 야베스 용사들이 그의 시신을 수거하여 화장하고 야베스 에셀나무 아래에 장사하였다. 그리고 이레 동안 금식하였다(삼상 31:11-13). 하지만 그의 장례는 너무 비참하고 초라하였다. 이스라엘 초대 왕이었는데. 그날 사울 왕의 아내와 남은 자녀들이 참석했다면 무슨 말을 했을까?

이기주의 수필집 《글의 품격》에 나오는 글귀다. 자신은 이 우화를 어느 잡지에서 읽었다고 한다.

어느 왕국에 아름다운 여인이 살았다. 사내들은 그녀의 마음을 얻으려 애썼다. 노모와 함께 사는 한 남자도 그중 하나였다. 그는 마을 어귀에서 작은 푸줏간을 했다. 여인을 향한 연정은 그의 마음속에서 뜨거운 불덩이가 되어 종일 돌아다녔다. 그러던 어느 날 우연히 여인과 마주친 사내는 감춰온 마음을 내보였다.

"내 마음을, 내가 지닌 모든 것을 당신에게 주고 싶습니다."

"지금까지 수많은 남자가 내게 사랑을 고백했어요. 다들 진귀한 보물과 희귀한 동물을 가져왔지만 내 마음은 요동치지 않았습니다. 흠, 정말 특별한 것을 보면 내가 흔들릴지도 모르겠네요."

"특별한 것이라면…."

"혹시 당신이 가장 아끼는 사람의 심장을 가져올 수 있나요?"

"제가 가장 아끼는 사람은 제 어머니인 걸요…."

"당신이 가장 소중한 것을 버릴 수 있다면 나는 다른 남자들의 구애를 물리치고 당신의 청혼을 수락할게요."

사랑에 눈이 먼 사내는 그날 밤 짐승으로 돌변했다. 어머니가 잠든 사이 심장을 파냈다. 동이 트자마자 어머니의 심장을 들고 여인을 만나러 뛰어가던 그는 그만 돌부리에 걸려 넘어지고 말았다. 그때였다. 아직 온기가 식지 않은 심장에서 울음기 섞인 어머니의 목소리가 흘러나왔다.

"아들아, 어디 다쳤느냐? 천천히 가거라. 천천히…."

어머니의 사랑보다 더 큰 사랑은 하나님의 사랑, 그리스도의 사랑이다. 그러니 이 사랑을 깨달은 자들은 어떻게 살아야 할까?

어느 축구 선수가 국가 대표 선발전을 앞두고 크게 다쳐서 다시는 축구를 하지 못하게 됐다. 온 삶을 축구에 바쳐온 그였기에 차라리 죽고자 마음먹고 먼 바닷가를 찾아갔다. 겨울 바다는 무섭고 황량했고 아무도 없어서, 그는 이곳을 죽음의 장소로 택하고자 마음먹고 바다로 이어진 절벽을 불편한 다리로 오르기 시작했다. 기어이 절벽에 오른 그가 발견한 것은 조그만 카페. 그는 너무나 힘이 들었고 춥고 배도 고파, 생애 마지막 식사를 하기로 생각하고, 카페로 들어갔다. 아주 소박하고 좌석도 얼마 되지 않는 공간은 따뜻함으로 가득했다. 주춤거리며 서 있는 그에게 앞치마를 두른 노년의 여인이 다가와 다짜고짜 손을 잡으며 다정하게 말했다.

"어서 와, 아들! 많이 추웠지? 엄마가 금방 맛있는 것 해줄게!"

여인의 손은 얼어붙은 마음을 녹일 듯 따뜻했고, 그 말을 듣는 순간, 그는 휘청거리며 주저앉았다. 여인은 그를 부축해서 편안한 소파에 앉히고, 곧 진한 커피와 음식을 그의 앞에 차렸다. 그의 후각을 자극하는 황홀한 커피 향과 음식의 냄새…. 여인은 그의 손에 포크를 쥐여주며 이렇게 말한다.

"어서 먹어! 아들아! 먹으면 살 힘이 생긴단다! 살 힘이 생기면 또 살아간단다! 너는 참 눈부신 나이구나! 살아 봐야지! 살면 살아지는 거란다!"

주술과도 같은 여인의 말을 들으며, 그는 울면서 음식을 먹었고, 소파에서 그냥 잠이 들었다. 이윽고 잠이 깬 그는 창밖으로 무섭게 포효하는 바다를 보았고, 아직 살아 있고 조그만 공간의 아늑함에 너무나 행복한 자신을 발견했다. 뜨개질하던 여인은 웃으면서 그에게 다가와 또 손을 잡아 주었다.

"어머니께 돌아가요. 어머니가 안 계시면 당신을 기다리는 그 누군가에게라도! 아무도 없다면 당신이 누군가를 기다려주는 사람이 되든지! 난 이곳에서 십 년 전 아들을 잃었어요. 그래서 또 다른 아들들이 죽는 것을 막고 싶어서 여기서 이렇게 산답니다. 그동안 살아난 많은 아들과 딸들이 찾아와 주어 외롭지 않아요! 다음에 나를 찾아와 주겠지요?"

그는 살아났고, 지금 부산에서 큰 아웃도어 매장을 하면서 누구보다 멋진 인생을 살아가고 있다. 이 노년의 여인이 그에게 베푼 사랑이 사람을 살렸다. 사랑이다.

이어령 씨가 이런 글을 썼다. 제목이 〈나에게 이야기하기〉다.
"너무 잘하지 말라 하네, 이미 살아 있음이 이긴 것이므로. 너무 슬퍼 말라 하네, 삶은 슬픔도 아름다운 기억으로 돌려주므로. 너무 고집부리지 말라 하네, 사람의 마음과 생각은 늘 변하는 것이므로. 너무 욕심부리지 말라 하네, 사람이 살아가는데 그다지 많은 것이 필요치 않으므로. 너무 미안해하지 말라 하네, 우리 모두는 누구나 실수하는 불완전한 존재이므로. 너무 뒤돌아보지 말라 하네, 지나간

날보다 앞으로 살날이 더 의미 있으므로. 너무 받으려 하지 말라 하네, 살다 보면 주는 것이 받는 것보다 더 기쁘므로. 너무 조급해하지 말라 하네, 천천히 가도 얼마든지 먼저 도착할 수 있으므로. 죽도록 온 존재로 사랑하라 하네, 우리가 세상에 온 이유는 사랑하기 위함이므로."

그렇다. 우리가 세상에 온 이유는 사랑하기 위해서다. 죽도록 온 존재로 사랑하기 위해서 왔다.

정채봉 시인의 〈만남〉이라는 시가 있다.

"가장 잘못된 만남은 생선과 같은 만남입니다. 만날수록 비린내가 묻어나오니까요. 가장 조심해야 할 만남은 꽃송이 같은 만남입니다. 피어 있을 때는 환호하다가 시들면 버리니까요. 가장 시간이 아까운 만남은 지우개 같은 만남입니다. 금방의 만남이 순식간에 지워져 버리니까요. 가장 아름다운 만남은 손수건 같은 만남입니다. 힘이 들 때는 땀을 닦아주고 슬플 때는 눈물을 닦아 주니까요."

손수건 같은 만남이 있어야 한다. 힘이 들 때 땀을 닦아주고 슬플 때는 눈물을 닦아 줄 수 있는 손수건 같은 만남 말이다. 사랑이 있으면 이런 만남이 가능하다. 그렇게 우리 사랑하면서 살면 좋겠다. 손수건과 같은 만남으로 가득한 세상을 꿈꾼다.

43
참아 주자

잘 참는 편인가?

어느 책에서 읽었다. 한 남자가 약속 장소를 향해 서둘러 운전해서 간다. 그런데 앞에 가는 차가 거의 거북이 수준이다. 경적을 울리고 헤드라이트를 깜빡여도 속도 낼 생각을 하지 않는다. 마침내 자제력을 잃고 화를 내려는 찰나, 차 뒤에 부착된 작은 스티커가 눈에 보인다. 〈장애인 운전자입니다. 조금만 참아 주세요.〉 그 문구를 보는 순간 모든 것이 달라졌다. 남자는 마음이 차분해지고 조급함도 사라졌다. 오히려 그 차와 운전자를 보호해주고 싶은 마음이 생겼다. 약속 장소에 몇 분 늦게 도착하는 것이 더는 중요하지 않았다. 그날 밤, 남자는 생각했다. 그 차에 스티커가 붙어 있지 않았다면 참을성을 발휘했을까? 빨리 비키라고 더 심하게 경적으로 울리지 않았을까?

이에 작가는 이런 질문을 던진다. 왜 우리는 사람에 대해서도 각자의 등에 붙어 있는 투명한 스티커를 알아보지 못한 채 성급하게 판단하는가? 이를테면 이런 스티커들 말이다. 〈일자리를 잃었어요. 병과 싸우고 있어요. 이혼의 상처로 아파요. 불면증에 시달리고 있어요. 사랑하는 사람을 잃었어요. 자존감이 바닥이에요. 그저 껴안아 줄 사람이 필요해요. 방세를 못 내고 있어요.〉 우리는 모두가 보이지 않는 스티커를 등에 붙인 고독한 전사이다. 그 등은 어떤 책에도 담을 수 없는 이야기를 지니고 다닌다. 따라서 서로에 대해 '조금 더 참고' 친절해야 한다고 글을 적는다.

인도에서 일어난 일이다. 기차 안에서 두 아이가 여기저기 뛰어다닌다. 서로 싸우기도 하고, 좌석 위로 뛰어오른다. 근처에 앉아 있는 아이들의 아버지는 생각에 잠겨있고, 난리 치는 아이들을 가끔 쳐다볼 뿐이다. 하지만 다른 승객들은 아이들의 장난에 화가 나고, 아이들 아버지의 태도에도 짜증이 난다. 밤이어서 더 짜증이 난다. 보다 못한 한 사람이 남자에게 소리친다.

"당신은 대체 어떤 아버지길래, 아이들이 이토록 버릇없이 행동하고 있는데, 제지하기는커녕, 미소로 부추기고 있는 거요. 아이들에게 잘 설명하는 것이 당신의 의무 아닌가요?"

남자는 잠시 생각에 잠겼다가 이렇게 답한다.

"아이들에게 어떻게 설명해야 할지 생각 중입니다. 아내가 친정에 다니러 갔다가 어제 사고로 세상을 떠났습니다. 장례를 치르러 아이들을 데리고 가는 중인데, 이제 엄마를 다시는 볼 수 없을 것이라고 아이들에게 어떻게 말해야 할지 아무리 생각해도 모르겠습니다."

주변 사람들이 무슨 일을 당하면서 오늘 하루를 걷고 있는지 우리는 모른다. 그러니 좀 마음에 안 맞더라도 인내하면서 상대에 대하여 좀 더 참아 주면 어떨까. '무슨 안 좋은 일이 있어서 저렇겠지'라면서 좀 더 인내하고 참아 준다면 우리 사회는 다 밝은 사회가 되지 않을까. 참아 주자. 필시 무슨 좋지 않은 일이 있을 것이라 여기자. 환경도 사람도 참아 주는 것이 최고다.

44
지혜가 최고다

지혜롭게 살고 있는가?

옛날에 어떤 임금이 왕비를 뽑기 위해서 전국에서 아리따운 아가씨들을 선발하여 올라오게 하였다. 임금은 모두 아름답고 교양 있는 처녀들이어서 그들 중에 누구를 왕비로 선발해야 좋을지 정하기가 매우 어려웠다. 그러자 지혜로 유명한 한 신하가 임금에게 말한다.

"그들에게 각각 쌀 한 되씩을 나누어주소서. 그것으로 한 달을 지내고 나서 다시 오라고 하소서. 그리고 나서 그들이 돌아오면 그중에 아마도 임금님 마음에 드는 사람이 나타날 것입니다."

이에 임금은 그렇게 하고, 한 달이 지나서 왕비 후보들이 다시 모였다. 배고픔을 참지 못해서 포기하고 돌아간 이들도 있었다. 다시 돌아오는 처녀들도 겨우 목숨만 부지한 채 아주 볼품없는 모습을 하고 있었다. 그런데 한 처녀는 달랐다. 여전히 아름답고 건강하다. 그래서 임금이 물었다. "어떻게 된 일이냐?" 그랬더니 이 처녀가 하는 말이, 어차피 쌀 한 되를 가지고는 한 달을 먹고살기는 힘든 일이니까,

임금님이 주신 쌀 한 되로 떡을 만들어 열심히 떡 장사를 했다고 한다. 그 이익으로 먹고살면서 이렇게 쌀 한 말까지 남겨 오게 되었단다. 누가 왕비가 되었을까?

"지혜로운 여인은 자기 집을 세우되, 미련한 여인은 자기 손으로 그것을 허느니라"(잠 14:1).

탈무드에 이런 말이 있다.

"바깥일에서든 집안일에서든 아내의 조언을 들어야 한다. 내 키가 작다면 무릎을 꿇고 그녀의 조언을 들어라. 행복이 깃드는 모든 축복은 아내로부터 비롯된다."

"지혜로운 사람에게는 일곱 가지 특징이 있다. 첫째, 자기보다 더 현명한 사람 앞에서 이야기하지 않는다. 둘째, 동료의 말을 가로막지 않는다. 셋째, 성급하게 답하지 않는다. 넷째, 주제에 맞게 질문하고 간결하게 답한다. 다섯째, 두서를 가려서 말한다. 여섯째, 제대로 듣지 못한 것은 이해하지 못했다고 말한다. 일곱째, 진실을 인정한다."

성경은 말한다. "너희 중에 누구든지 지혜가 부족하거든 모든 사람에게 후히 주시고 꾸짖지 아니하시는 하나님께 구하라 그리하면 주시리라"(약 1:5).

어느 랍비가 중요한 일에 대해 논의하기 위해서 마을 사람 여섯 명을 초대했다. 그런데 일곱 명이 모였다. 초대받지 않은 사람이 한 명 더 온 것이다. 랍비는 초대받지 않은 사람이 누구인지 알 수 없었다.

그래서 이렇게 말했다. "여기 모인 분들 가운데 초대받지 않은 분이 한 분 계십니다. 그분은 이 자리에서 나가주셨으면 합니다." 그러자 일곱 명 가운데 가장 능력이 뛰어나고 지혜로워서 그 자리에 꼭 있어야 할 마을의 장로가 자리에서 일어나 나갔다. 왜 그 자리에서 나간 것일까? 그는 그 자리에 초대받지 않은 사람이 부끄러워하지 않도록 스스로 나간 것이다. 이 마을 장로가 얼마나 지혜로운가. 지도자라면 이 정도의 배려심이 있어야 하지 않겠는가.

중국 후한 때 양홍이라는 자가 긴 세월 동안 세상의 모진 풍파를 함께 이겨낼 성실한 동반자를 찾고 있었다. 동네 노처녀로 살던 맹씨 여자를 만나게 되었고, 마음에 들어 결혼하였다. 얼마 후 양홍은 수도성인, 경사에 갔다가 황제와 권문세가들의 사치스러운 모습을 보고 분개하여 조정을 비난하는 글을 썼다. 이로 인해 황제의 노여움을 사게 되고, 양홍은 아내와 함께 먼 타향으로 도망가 이름을 숨기고 날품팔이하며 그 지역 대갓집의 방 한 칸을 세내어 숨어 살았다. 어느 날 저녁, 집주인이 그들의 사는 방 앞을 지나다가 이상한 광경을 보게 되었다. 양홍의 아내가 소박한 저녁 식사를 차린 소반을 눈썹이 닿도록 높이 받들고 들어와 남편 앞에 공손히 내려놓으며 식사를 권하는 것이었다. 이 기이한 광경이 매일 이어졌다. 집주인은 지독히 가난한 사내가 이토록 정중하게 존중받고 있으니, 필시 어진 선비라고 생각했다. 이후로 집주인은 양홍 부부를 극진히 대접했다. 이 일은 온 고을에 알려졌고 양홍은 뛰어난 선비로서 존경을 한 몸에 받았으며, 부인 역시 덕을 갖춘 지혜롭고 현숙한 여인으로 큰 칭송을 받게 되었다는 이야기이다.

이 고사에서 나온 사자성어가 바로 〈거안제미(擧案齊眉)〉이다. '밥상을 눈썹과 가지런하도록 들어올린다'라는 뜻이다. 남편을 존중하는 아내가 얼마나 지혜로운가. 이런 지혜로운 아내와 사는 남편은 얼마나 행복할까.

45
아내 사랑

남편인 나보다 더 사랑하고 있는가?

최근에 어느 책에서 아내 사랑에 대한 글을 읽고 감동한 적이 있다. 소개하면 이렇다. "아내를 보석(寶石)같이 여기면 당신의 삶은 해같이 빛날 것이다. 어느 커피숍에 'Happy wife는 happy life'라는 글이 담겨 있는 액자가 걸려 있었다. 얼핏 보기에 커피숍에 무슨 wife라는 글이 적혀 있는 게 생뚱맞다. 의아했는데 가만히 생각해 보니 아주 멋진 뜻이었다. 해석해 본즉, '아내가 행복해야 인생이 행복하다'라는 것이다. 그러면 우리말로 인명재처(人命在妻)다. 아내가 행복해야 삶이 행복하고 남편이 편하다. 남편의 운명은 아내의 손에 달려 있다. 특히 나이 들어가면서 이러한 진리는 두드러진다."

어느 할아버지가 돌아가셨다. 아파트에서 관을 가지고 내려오는데, 관이 계단에 부딪히는 바람에 죽은 할아버지가 살아났다. 그러다가 얼마 후에 할아버지가 다시 돌아가셨다. 그랬더니 할머니가 장례직원들에게 부탁한다. '제발 살살 내려가라'라고. '절대 이번에는 계단에 부딪히지 말라'고. '다시는 살아나면 안 된다'고. '저 양반이 나를 얼마나 괴롭혔는지 모른다'고. 그런 우스운 이야기가 있다.

또 다른 할머니의 남편이 죽었다. 병원에서 임종하였다. 자녀들은 아버지가 죽었다고 곡을 하며 운다. 그런데 할머니는 울지 않는다. 그 순간 죽었다는 할아버지가 눈을 뜨고 살아났다. 그러고는 아내의 손을 붙잡고 그런다. "여보, 나 살아났어." 그러자 할머니가 하는 말이 이렇다. "의사가 죽었다고 하잖아. 당신은 죽은 거야." 우스운 이야기다. 우스운 이야기 속에 뼈대가 있다. 평소에 아내에게 잘했으면 죽었다가 살아나도 환영받는다. 하지만 살아생전에 못 했으니까 죽었다가 살아나도 환영을 받지 못한 것이다. 남편이 아내에게 살아생전 잘해야 한다. 그래야 다시 살아나도 환영받을 수 있다.

영락교회 한경직 목사님은 부부싸움 하지 않는 것으로 유명했다. 젊었을 때는 모르겠지만 60세가 넘어서는 안 한 것으로 알려져 있다. 비결은 간단했다고 한다. 밖에 나갔다가 집에 들어서면 목사님은 항상 사모님의 눈치와 안색을 먼저 살펴본다고 한다. 좀 이상하다 싶으면 그저 "내가 잘못했어요"라면서 인사를 했단다. 그때 사모님이 "내가 뭐라고 했소?"라고 말하면, 또 "내가 잘못했소"라고 하면서 늘 사과하셨단다. 그러면 사모님이 무슨 일이든 말없이 다 지나간다고. 한경직 목사님이 얼마나 아내를 사랑했으면 아무 잘못이 없는데도 불구하고, 늘 사모님에게 "다 내 잘못이오. 내가 잘못했어요." 그렇게 말씀하셨을까. 우리가 본받아야 할 정말 귀한 모습이 아닐까.

아내는 남편의 분신이다. 또 다른 나다. 아내 사랑이 곧 남편 사랑이고, 자기 사랑이다. 아내 사랑하며 살자. 나보다 귀하게 여기자. 나보다 더 사랑하며 살자. 남편이 행복해질 것이다.

46
목계지덕(木鷄之德)
흔들림 없이 잘 참고 있는가?

중국 주나라의 선왕이 투계를 좋아했다. 그래서 기성자란 사람에게 최고의 싸움닭을 구해 투계로 만들기 위한 훈련을 맡겼다. 기성자는 당시 뛰어난 투계 사육사였다.

그에게 맡긴 지 십 일이 지나고 나서 왕이 물었다. "닭이 싸우기에 충분한가?" 기성자는 대답한다. "아닙니다. 아직 멀었습니다. 닭이 강하긴 하나 교만해 아직 자기가 최고인 줄 알고 있습니다." 헛된 교만과 기운을 믿고 뽐내는 자세를 버리지 못했다는 대답이었다.

다시 십 일이 지나 왕이 또 묻는다. 그러자 기성자는 답한다. "아직도 멀었습니다. 교만함은 버렸으나 상대방의 소리와 그림자에도 너무 쉽게 반응합니다." 상대방의 소리와 그림자에 민감하게 반응하는 조급함을 버리지 못했다는 말이다.

또다시 열흘이 지나 40일째 되는 날 왕이 물었다. 이에 기성자는 답한다. "이제 됐습니다. 상대가 울음소리를 내도 아무 변화가 없습니다. 어떤 상황에서도, 어떤 상대에게도 동요하지 않고, 평정을 유지하며 마치 나무로 깎아 놓은 닭(木鷄)과 같습니다. 그 덕이 온전해진 것입니다. 다른 닭은 감히 상대하지 못하고 고개를 숙이고 부리를 감출 것입니다."라고 대답하였다.

여기서 '목계지덕(木鷄之德)'이라는 고사성어가 나왔다. '목계'란 나무로 만든 닭이다. 나무로 만든 닭처럼 완전히 자신의 감정을 제어할 줄 아는 능력을 '목계지덕'이라 한다. 장자의 〈달생편〉에 나오는 이야기다. 목계지덕의 사전적 의미는 '나무로 만든 닭처럼 작은 일에 흔들림이 없다'라는 뜻이다. 조금 더 깊이 해석하면 '나무로 만든 닭처럼 자기감정을 드러내지 않고 잘 제어할 줄 아는 덕을 갖췄다'라는 뜻이다. 무엇이든 잘 참고 제어하면 성공한다.

명나라 관리를 지낸 여곤은 《신음어》에서 이렇게 말한다. "침착함과 냉정함이야말로 최고 자질이다. 이런 자질을 갖춘 인물은 중심이 서 있어 듬직하다. 그런데 요즘 사람들은 혼자서 시간을 보내는 것을 기피한다. 문제에 닥치면 그저 하염없이 푸념만 늘어놓는다. 이래서야 아무리 고고한 척해도 덕이 있는 사람이라고 보기 힘들다."

힘들고 흔들릴 때 목계지덕을 꼭 기억하자. 침착함과 냉정함을 잊지 말아야 한다.

47
이런 좋은 친구

좋은 친구란 어떤 친구일까?

　조선 시대 광해군(光海君, 1575~1641) 때 나성룡(羅星龍)이라는 젊은 이가 교수형을 당하게 되었다. 효자였던 그는 집에 돌아가 연로하신 부모님께 마지막 인사를 하게 해달라고 간청했다. 하지만 광해군은 허락하지 않았다. 좋지 않은 선례를 남길 수 없었기 때문이었다. 광해군이 고심하고 있을 때 나성룡의 친구 이대로(李大路)가 보증을 서겠다면서 나섰다. 친구 나성룡이 돌아오지 않으면 자신이 대신 교수형을 받겠다고 하여, 광해군은 허락한다. 이대로는 기쁜 마음으로 나성룡을 대신해 감옥에 갇혔다.

　교수형을 집행하는 날이 밝았다. 하지만 나성룡은 돌아오지 않았고 사람들은 바보 같은 이대로가 죽게 됐다며 비웃었다. 정오가 가까워졌다. 이대로가 교수대로 끌려 나왔다. 그의 목에 밧줄이 걸리자 이대로의 친척들이 울부짖기 시작했다. 그들은 우정을 저버린 나성룡을 욕하며 저주를 퍼부었다. 그러자 목에 밧줄을 건 이대로가 눈을 부릅뜨고 화를 냈다. "나의 친구 나성룡을 욕하지 마라. 당신들이 내 친구를 어찌 알겠는가." 죽음을 앞둔 이대로가 이렇게 의연하게 말하자 모두 조용해졌다. 집행관이 고개를 돌려 광해군을 쳐다보자, 광해군은 사형을 집행하라는 수신호를 보냈다. 그때 멀리서 누군가가 말을 재촉하여 달려오며 고함을 쳤다. 나성룡이었다. 그는 숨을 헐떡이며 다가와 말했다. 오는 길에 배가 풍랑을 만나 겨우 살아났다고. 그 바람에 이제야 올 수 있었다고. 이제 이대로를 풀어주라고. 사형수는 자신이라고. 두 사람은 서로를 끌어안고 작별을 고했다.

나성룡이 말한다. "이대로, 나의 소중한 친구여~ 저 세상에 가서도 자네를 잊지 않겠네." 이대로가 말한다. "나성룡, 자네가 먼저 가는 것뿐일세. 다음 세상에서 다시 만나도 우리는 틀림없이 친구가 될 거야."

두 사람의 우정을 비웃었던 사람들 사이에서 탄식이 흘러나왔다. 이대로와 나성룡은 영원한 작별을 눈앞에 두고도 눈물 한 방울 흘리지 않고 담담하게 서로를 위로하였다. 교수형 밧줄이 이대로의 목에서 나성룡의 목으로 바뀌어 걸렸고, 교수형이 집행되려는 순간, 광해군은 사형집행을 중지시켰다. 그리고 큰 목소리로 명을 내렸다. "왕의 권위로 결정하노라. 저 두 사람을 모두 방면토록 하라. 비록 죄를 지었지만, 저 두 사람의 우정이 부럽고, 저 두 사람이 조선의 청년이라는 사실이 자랑스럽도다." 사형집행장에 모였던 원로대신들과 조선 백성이 그제야 모두 환호성을 지르며 두 사람의 방면을 기뻐했다고 하는 이야기가 있다.

"어떤 친구는 형제보다 친밀하니라"(잠 18:14 하). "친구는 사랑이 끊어지지 아니하고 형제는 위급한 때를 위하여 났느니라"(잠 17:17). "친구는 선택된 가족이다. 친구는 모든 것을 나눈다"(플라톤). "불행은 누가 진정한 친구가 아닌지를 보여 준다"(아리스토텔레스). "풍요 속에서는 친구들이 나를 알게 되고, 역경 속에서는 내가 친구를 알게 된다"(존 찰튼 콜린스). "집을 가장 아름답게 꾸며주는 것은 자주 찾아오는 친구들이다"(랠프 월도 에머슨). "전화번호부를 뒤져 전화를 걸고 차로 공항에 데려다 달라고 부탁하라. 데려다주는 사람이 당신의 진정한 친구다. 나머지는 나쁜 사람은 아니다. 그저 지인일 뿐이다"(제이 레노).

함석헌 선생의 〈그 사람을 그대는 가졌는가〉라는 시가 있다.

만리길 나서는 길

처자를 내 맡기며

맘 놓고 갈 만한 사람

그 사람을 그대는 가졌는가?

온 세상 다 너를 버려

마음이 외로울 때에도

'너뿐이야' 하고 믿어주는

그 사람을 그대는 가졌는가?

탔던 배 가라앉을 때

구명대 서로 사양하며

'너만은 제발 살아다오' 할

그 사람을 그대는 가졌는가?

불의(不義)의 사형장에서

'다 죽여도 너희 세상 빛을 위해

제만은 살려 두거라' 일러줄

그 사람을 그대는 가졌는가?

온 세상의 찬성보다도 '아니' 하고

가만히 머리 흔들 그 한 얼굴 생각에

알뜰한 유혹을 물리치게 되는

그 사람을 그대는 가졌는가?

잊지 못할 이 세상을 놓고 떠나려 할 때

'너 하나 있으니' 하며

빙긋이 웃고 눈을 감을

그 사람을 그대는 가졌는가?"

한번은 런던 타임즈에서 〈친구란 무엇이냐〉라는 친구의 정의에 대해서 현상 모집을 하였다. 이 현상 모집에서 3등으로 당선된 대답은 "친구란, 기쁨을 더해주고 슬픔을 나누는 사람"이다. 2등으로 당선된 대답은 "친구란, 나의 침묵을 이해하는 사람"이다. 그리고 1등으로 당선된 대답은 "친구란, 온 세상이 나에게 떠나 버릴 때 내게로 와주는 사람"이다.

〈친구란〉 글이 있다.
"친구란, 환경이 좋든 나쁘든 늘 함께 있었으면 하는 사람이다.
친구란, 제반 문제가 생겼을 때 저절로 상담하고 싶어지는 사람이다.
친구란, 좋은 소식을 들으면 제일 먼저 알리고 싶은 사람이다.
친구란, 다른 사람들에게 밝히고 싶지 않은 일도 얘기하고 싶은 사람이다.
친구란, 슬플 때 기대어서 울 수 있는 어깨를 가진 사람이다.
친구란, 내가 울고 있을 때 그의 얼굴에도 몇 가닥의 눈물이 보이는 사람이다.
친구란, 내가 실수했다 하더라도 조금도 언짢은 표정을 짓지 않는 사람이다.
친구란, 필요에 따라서 언제나 진실한 충고도 해주고 위로도 해주는 사람이다.
친구란, 나의 무거운 짐을 조금이라도 가볍게 들어주는 사람이다.
친구란, 가지고 있는 작은 물건이라도 즐겁게 나누어 줄 수 있는 사람이다."
이런 좋은 친구가 되면 얼마나 좋을까. 이런 좋은 친구가 있으면 참 좋겠다.

48
내 안의 화를 잘 다스리자

화를 내지 않으면 좋은 것이 있을까?

자기 안의 화를 다스리지 못해, 분노로 인하여 일어나는 범죄가 얼마나 잦은지. 홧김에 저지른 범죄가 얼마나 많은지. 전체 범죄의 40%가 이 홧김에 일어난 범죄라고 한다. 홧김에 살인하고, 홧김에 폭력을 행사하고, 홧김에 기물을 부수고, 홧김에 이혼하고, 그렇게 홧김에 일어나는 범죄가 잦다. 이 분노로 미국에는 총기 사건이 얼마나 많이 일어나는지. 알렉산더 대제가 어떤 날 저녁에 자기 부하들과 같이 연회를 하다가 취중에 일어난 사소한 말다툼 때문에 성이 나서 자기 일생의 친구를 죽였다. 그 친구는 전쟁터에서 몇 번이나 자기 생명을 구해 준 유명한 대장 클리터스였다. 그 친구를 알렉산더는 창으로 찔러 죽인 것이다. 너무나 유명한 역사의 이야기다. 이후 알렉산더는 며칠이나 음식을 전폐하고 후회하였다고 한다. 후회하면 뭐하나 이미 죽었는데 말이다.

칭기즈칸이 한번은 사냥을 나갔다가 목이 말라 샘물을 바가지에 떠 마시려고 하였다. 이때 데리고 다니던 사냥 보조용 매가 바가지를 후려치는 바람에 물이 엎질러졌다. 매는 물을 뜰 때마다 같은 짓을 반복하였다. 잔뜩 화가 난 칭기즈칸은 칼을 뽑아 매를 죽여버렸다. 그런데 물을 마시다가 샘터 위쪽을 쳐다보았다. 그곳에 큰 독사 한 마리가 죽어 있었다. 매가 주인의 생명을 지키기 위해, 돌출 행동을 한 것이었다. 하지만 칭기즈칸은 이를 모른 채 매를 죽이고 만 것이다. 이후 그는 자신의 행동을 크게 뉘우치며 "내가 오늘 큰 가르침을 얻었다. 앞으로 화가 났을 때는 어떠한 결심도, 행동도 하지 않겠다"라고 다짐했다고 한다.

영어로 노한 사람을 '매드'(mad)라고 한다. 미쳤다는 말이다. "He is mad." 이렇게 말하면 미쳤다는 뜻이다. 사실 사람이 분노하게 되면 일시적으로 미친다. 바로 보지 못하고, 바로 생각하지 못하고, 이성을 잃는다. 앞을 생각하지 못하고 사리를 분별치 못하고, 무슨 짓이나 할 수 있다. 분노는 이렇게 위험하다. 그러므로 예수님은 경고하셨다. "형제에게 노하는 자마다 심판을 받게 될 것이라고", 또 "형제에게 노하면서 욕을 하는 자도 심판을 받게 될 것이라"고 하셨다(마 5:22). 노를 삼가라는 엄중한 경고다.

성경 속의 가인도 홧김에 동생 아벨을 죽였다. 동생 아벨이 자기보다 잘 되는 것 보니까 시기 질투가 났기 때문이다. 하나님이 자기 제물은 안 받으시고, 동생 아벨의 제물은 받으시니까 시기 질투가 나서다. 이것이 몹시 분하고 화가 나서 동생을 아무도 없는 들판에서 쳐죽였다. 분노는 이렇게 시기 질투와 밀접한 연관이 있다.

무엇보다 화를 잘 다스리고, 분노를 잘 다스려야 한다. 그래야 건강에 좋다. 하버드 대학교 보건대학원에서 발표한 연구 결과에 의하면 분노는 뇌졸중, 심장마비 등의 위험을 높인다고 한다. 하루에 다섯 번 이상 화를 내면 건강상 위험 상태에 이른다고 한다. 어느 회의 석상에서 화를 내다가, 화를 내고 소리치다가 그 자리에서 즉사한 사람도 있다. 화를 낸 상태에서 잠을 자면 깨어났을 때 마음에 불만도 높아지고 부정적인 감정이 더 악화한다고 한다. 그러므로 어떻게 하면 좋겠는가? 답은 이미 나와 있다. 무병장수의 비결 중 빠지지 않는 것 중 하나가 바로 화내지 않는 것이라고 한다. 그렇게 화를 내지 않고 온유하면 그 자체로 돈을 버는 것이다.

그러면 원통하고 억울할 때 걸으면서 기도하는 것은 어떤가?
신앙 생활하다 보면 한나처럼 원치 않는 괴로움과 원통함을 당할 때가 있다. 브닌나와 같이 우리를 격분시키는 대적과 적수를 만날 수도 있다. 원통한 일, 괴로운 일, 격분되는 일을 많이 당해 보았다. 행운아라서 그런 일 안 당할 줄 알았다. 그런데 당하였다. 나를 가만히 놔두지 않았다. 못 되고 악한 이들이 가만히 놔두지 않았다. 배후에는 마귀 사탄도 있었을 것이다. 격분시키는 사람이 얼마나 많은지.

담임목사 넘어뜨리면 교회가 넘어간다. 그러니 악한 사탄 마귀가 더 충동질한다. 원통함과 괴로움과 격분으로 인하여 잠을 자지 못한다. 잠에서 자다가도 자주 깬다. 울분과 화 때문이다. 뭘 그렇게 잘못했다고.

듣는 이가 없는 장소에 가서 한나처럼 통곡하며 기도한다. 큰 소리로 찬양한다. 많이 걷는다. 내 안의 화를 다스린다. 많이 기도하고, 걸으면서 기도한다. 하루 5~6시간씩 그렇게 한다. 많게는 7~8시간을 걸으면서 기도한다. 그렇게 하면서 누구보다 예수님을 많이 생각한다. 예수님처럼 억울하고 원통한 일 당하신 분도 없다. 중병 안 걸린 것이 다행이다. 하나님 은혜다. 십자가 생각하면서 기도하고 걷는다. 그랬더니 감당할 힘도 생기고 지혜도 생긴다. 성령께서 피할 길을 주시고, 좋은 사람도 만나게 하신다. 상한 심령도 치료해 주신다. 뜻밖의 은혜도 주신다. 걸으면서 기도하면 그렇게 좋다.

많은 위인도 걷기를 예찬한다. 니체는 위대한 생각은 걷는 것으로부터 나온다고. 토머스 제퍼슨은 걷기는 최고의 운동이라고. 허준은 좋은 약보다, 좋은 음식보다 걷는 것이 최고라고. 키르케고르는 걸으면 무거운 생각을 다 쫓아버릴 수 있다고. 루소는 정신이 자기 다리와 함께 움직인다고. 사르트르는 인간은 걸을 수 있을 만큼 존재한다고. 소로우는 하루를 축복 속에서 보내고 싶다면, 아침에 일어나 걸으라고. 찰스 디킨스는 무병장수의 길은 끊임없이, 목적을 가지고 걷는 것이라고. 그렇게 위인들은 모두 걷기는 예찬한다. 의학적으로 건강상으로 걷기가 얼마나 좋은지 이미 다 증명되었다. 이렇게 걸으면서 마음으로 기도하면 얼마나 좋을까.

괴로울 때 많이 기도하자. 많이 걷자. 걸으면서 기도하고 마음을 다스리자. 건강도 챙기자. 예수님의 십자가를 많이 묵상하며 걷자. 반드시 좋은 일이 있을 것이다. 그렇게 마음이 괴롭고 원통할 때, 대적자로 인하여 격분되고 화가 치밀어 오를 때, 잠자는 것도 힘들고 고통스러울 때 건강을 해치기 쉽다. 병들기 쉽다. 이럴 때일수록 많이 걷고, 많이 기도해야 한다. 기도가 승리의 비결이다. 기도 많이 하면 놀라운 일이 생긴다. 하나님은 우리의 원한을 다 풀어주신다. 낙심하지 말자. 항상 기도에 힘쓰자. 기도에 집중하자. 많이 걷자. 많이 찬양하자. 많이 웃자. 그러려니 하고 살자. 너무 심각하게 생각하지 말자. 반드시 피할 길이 열릴 것이다.

49
어디 이런 스승 없나

스승은 어떤 존재인가?

　세계에서 가장 존경받는 대통령인 우루과이 전 대통령, 호세 무이카! 그는 80세로 2015년 2월에 퇴임했다. 그는 대통령 재직 기간 중에 대통령 궁을 노숙자 쉼터로 내주었다. 그리고 자신과 아내는 수도 몬테비데오에 있는 아내의 농장 소유지에서 살았다. 그 집을 지키는 것은 경찰 두 명과 다리 하나 잃은 개, 마누엘라가 전부였다. 대통령의 재산은 농기구 몇 개, 트랙터 하나, 1987년산 폭스바겐 비틀뿐이었다. 한 번은 한 아랍 부호가 호세 무이카 대통령의 자동차를 100만 달러에 사겠다고 제안했다. 하지만 그는 거절하였다. 이유는 자기 애견 마누엘라가 그 차를 좋아하였기 때문이라고. 매달 받는 월급은 1,300만 원. 하지만 월급의 90%는 사회복지 단체와 소속 정당에 기부하였다. 매달 월급의 십분의 일로 대통령 부부는 살았다.
　그래서 세계에서 가장 가난한 대통령이라는 별칭을 얻게 되었다. 이렇게 호세 무이카 대통령은 소탈하고 검소하였다. 기부하는 삶을 살았다. 가난한 백성을 위해 자신의 소유를 다 나눠주었다. 그는 자신이 대통령 된 것 하나만으로 모든 영광을 다 받았다고 고백한다. 퇴직하였지만 지금까지 국민에게 존경받고 있다. 전 남미의 대통령이라고 불릴 만큼 존경과 사랑을 받고 있다. 그는 말한다. "진짜 가난한 사람은 만족할 줄 모르는 사람이다." 명언이다. 자신의 삶에 만족하며 사는 사람이 부자라는 말이다.

한경직 목사는 두 분의 스승을 존경하였다. 오산학교를 설립한 남강 이승훈 선생과 당시 교장이었던 조만식 선생이었다. 이승훈 선생은 오산학교를 설립하기 전에 도자기 사업으로 큰돈을 벌었다. 그러다가 미국에서 돌아온 도산 안창호의 연설을 우연히 친구의 소개로 듣고 큰 감동을 받게 된다. 그래서 평양에 오산학교를 설립하였다. 한경직 목사가 오산학교 4학년 시절이었다. 이승훈 선생이 자신과 몇 학생을 집으로 초청한 적이 있었다. 대화를 나누는 중 이승훈 선생이 자기 몸이 불편한 이유를 설명하는 도중에 일제의 고문을 받은 상처를 보게 되었다. 남강 이승훈은 105인 사건으로 일제에 체포되어 5~6년간 옥고를 치렀다. 또 3.1 만세 운동 때 기독교를 대표해 33인의 한 분으로 활약하였다. 또 여러 해 옥고를 치르기도 했다. 그렇게 한경직은 이승훈 선생에게 고귀한 인격과 순수한 애국심을 배웠다고 한다.

또 한경직은 조만식 선생에게는 3년간 오산학교에서 직접 교육을 받았다. 당시 유명한 조만식 선생을 오산학교 설립자인 이승훈 선생이 모셔 왔다. 조만식은 월급을 한 푼도 받지 않았다. 오히려 당신의 돈을 쓰면서 교장 일을 감당했다. 모든 일에 검소했고, 언제나 소금으로 이를 닦았다. 무슨 일에나 솔선수범하였다. 무슨 일이든 학생들과 같이하였다. 이런 조만식 선생의 모습에 한경직은 감화받았다. 이런 헌신과 희생을 몸소 실천하는 모습과 또한 기독교 신앙을 바탕으로 한 애국심에 도전을 많이 받았다고 한다. 훗날 한경직도 한국 교회의 존경 받는 스승으로 우뚝 서게 된다. 스승을 보면 그 제자가 누구인지 알 수 있다.

오늘이 스승의 날이다. 한경직이 조만식과 이승훈 선생을 스승으로 기억하듯이, 우리 각자도 존경하는 스승이 있을 것이다. 그들이 적어도 호세 무이카나 이승훈이나 조만식 정도가 된다면 얼마나 좋을까. 갈수록 스승 같은 스승을 찾아보기 힘들다. 그렇다면 어떻게 해야 하겠는가? 바로 당신과 내가 그런 스승이 되면 된다.

나의 스승, 예수 그리스도를 본받고 따르는 것이 너무 힘들다. 하지만 흉내라도 내자. "아, 참 스승을 찾기 힘든 시대를 살아가니 너무 슬프다." 요사이 스승(지도자)은 이기적이고, 욕망으로 가득한 것 같다. 궤변론자인 것 같다. 본받을 만한 지도자가 별로 없어 보인다. 대한민국의 비극이다. 결국 우리의 시선은 예수님께 향할 수밖에 없다. 우리의 영원한 스승이신 예수 그리스도!

50
말이여, 온전하소서
잠 13:2-3

2022.1.31. 주일 설교 전문

아프리카 어느 부족에 관한 이야기입니다. 부족 경내에 나무가 못 자라서 불편하거나 쓸모없게 된 경우에 톱이나 칼로 잘라 버리지 않는다고 합니다. 대신 온 부락민이 이 나무 주위에 모여 그 나무를 향해서 큰소리로 저주한다고 합니다. "너는 살 가치가 없어.", "우린 널 사랑하지 않아.", "차라리 죽어 버려." 그렇게 가슴 아픈 저주의 말을 계속한다고 합니다. 그러면 얼마 지나지 않아서 나무가 시들시들 말라 죽어 버린다고.

유명한 미래 경영학자인 피터 드러커 교수. 그에게 어느 기자가 묻습니다. "교수님이 쓰신 책 중에서 가장 마음에 드는 책이 어떤 책입니까?" 그러자 그는 이렇게 답을 합니다. "가장 마음에 드는 책이요? 앞으로 나올 책입니다. 내가 쓴 책 중에 가장 마음에 드는 책은 앞으로 나올 책입니다."

말이 생명입니다. 말에 힘이 있고 위력이 있습니다. 말한 대로 이루어집니다. 말이 행복과 불행을 결정합니다. 말이 성공과 실패를 결정하고, 말이 인격을 만들고, 환경을 만들고, 미래를 만듭니다. 말이 사람을 죽이기도 하고, 살리기도 합니다.

성경은 말씀합니다. "사람은 입에서 나오는 열매로 말미암아 배가 부르게 되나니 곧 그의 입술에서 나는 것으로 말미암아 만족하게 되느니라 죽고 사는 것이 혀의 힘에 달렸나니 혀를 쓰기 좋아하는 자는 혀의 열매를 먹으리라"(잠 18:20–21).

살다 보면, 좋은 말도 듣고, 나쁜 말도 듣습니다. 좋은 말도 하고, 나쁜 말도 합니다. 이처럼 말은 중요합니다. 지금 우리의 현재는 지금까지 우리 각자가 한 말의 결과라 할 수 있지 않을까요? 성경은 말씀합니다. "그들에게 이르기를 여호와의 말씀에 내 삶을 두고 맹세하노라 너희 말이 내 귀에 들린 대로 내가 너희에게 행하리니"(민 14:28). 또 성경은 말씀합니다. "네 입의 말로 네가 얽혔으며 네 입의 말로 인하여 잡히게 되었느니라"(잠 6:2).

그러니 어떻습니까? 좋은 말, 믿음의 말을 해야 합니다. 이 사실을 다 알고 있습니다. 하지만 알아도 잘 안될 때가 있습니다. 이게 문제죠. 왜 그럴까요? 말 공장이 고장 나서 그렇습니다. 말은 마음에서 생산됩니다. 그 재료는 생각입니다. 시각과 청각과 오감을 통해서 들어옵니다. 이것으로 생각이 만들어집니다. 그러니 가장 중요한 것은 보고, 듣는 것입니다. 좋은 것 보고, 좋은 것 들으면 좋은 생각이 만들어지고, 좋은 말이 생산됩니다. 그렇게 되면 좋은 말, 선한 말, 생명의 말이 나오게 되는 것이죠.

저 역시 어릴 적부터 지금까지 오만가지 말을 듣고 또 말을 했을 것입니다. 그런데 저를 지켜 준 것은 성경이었어요. 성경 말씀, 생명의 말씀이 좋은 생각이 되고, 나쁜 말은 죽이고, 좋은 말을 하게 만들었습니다. 그렇게 성경이 저의 언어체계가 되고, 저를 지배했습니다. 성령의 도우심으로 육의 사람이 영의 사람이 되었어요. 그랬더니 선한 말, 생명의 말, 믿음의 말이 나왔어요. 현대 언어학의 창시자 촘스키 교수는 말합니다. "언어는 사고를 지배한다."고. 성경의 언어들이 우리의 사고를 지배하도록 해야 하지 않을까요? 주의 성령께서 우리의 사고와 언어를 지배하도록 해야 하지 않을까요?

예수님은 말씀하십니다. "나무도 좋고 열매도 좋다 하든지 나무도 좋지 않고 열매도 좋지 않다 하든지 하라 그 열매로 나무를 아느니라 독사의 자식들아 너희는 악하니 어떻게 선한 말을 할 수 있느냐 이는 마음에 가득한 것을 입으로 말함이라 선한 사람은 그 쌓은 선에서 선한 것을 내고 악한 사람은 그 쌓은 악에서 악한 것을 내느니라 내가 너희에게 이르노니 사람이 무슨 무익한 말을 하든지 심판 날에 이에 대하여 심문을 받으리니 네 말로 의롭다 함을 받고 네 말로 정죄함을 받으리라"(마 12:33-37).

말이 곧 그 사람이요, 미래입니다. 말을 들어 보면 그 사람의 미래가 보입니다. 이제 남은 것은 현재와 미래입니다. 성경에서 말하는 좋은 말, 선한 말, 믿음의 말, 생명의 말, 위로의 말, 사랑의 말, 소망의 말을 하면 그 인생이 축복된 인생이 되지 않을까요? 특별히 가까이에 있는 사람에게 더욱 말조심하면 얼마나 좋을까요? 모든 다툼의 근원이 말로 인해 일어납니다. 성경은 말씀합니다. "미련한 자의 입술은 다툼을 일으키고 그의 입은 매를 자청하느니라."(잠 18:6).

침묵은 금이라고 하죠. 침묵하지 않으려면 그보다 더 나은 말을 하라고 합니다. 말하지 않고는 살 수 없습니다. 그러니 무엇보다 듣기에 힘쓰고, 말할 때는 선하고 좋은 말을 해야 하지 않을까요? 정확한 말, 진실, 희망과 생명의 말을 해야 하지 않을까요? 반면에 유언비어와 비방과 거짓말은 삼가야 합니다. 소리치고, 고함치는 것은 더더욱 안 될 일이죠. 왜 그런가요? 최고의 경건이 자기 혀에 재갈을 물리는 것이니까요. 성경은 말씀합니다. "누구든지 스스로 경건하다 생각하며 자기 혀를 재갈 물리지 아니하고 자기 마음을 속이면 이 사람의 경건은 헛것이라"(약 1:26).

악한 사탄 마귀는 우리 혀를 재갈 물리지 못하도록 방해합니다. 우리의 말을 사로잡아 시험 들게 하죠. 그렇게 우는 사자와 같이 먹잇감을 찾죠. 화가 날 때 더욱 그렇습니다. 성내는 것은 하나님의 의를 이루지 못합니다. 성경은 말씀합니다. "사람이 성내는 것이 하나님의 의를 이루지 못함이라"(약 1:20).

화가 나면 어떻습니까? 마귀에게 사로잡히기 쉽습니다. 주로 복음서에 나타나는 귀신 들린 자들의 특징 중 하나가 소리 지르는 것이죠. 그러니 화가 날 때는 조심해야 합니다. 침묵해야 합니다. 떠오르는 대로, 생각나는 대로 말해서는 안 됩니다. 나중에 주워 담기 힘든 말이 될 수 있습니다. 그 말 때문에 손해 볼 수 있고, 죽을 수도 있습니다. 방언으로 소리 지르며 욕하고 저주하는 사람을 보았습니다. 성령에 사로잡혀 한 일은 아닐 것입니다. 귀신에 사로잡혀서 하는 말도 있다는 사실. 이 사실을 유념해야 하지 않을까요?

사람들이 언제 말에 실수를 하나요? 화가 날 때, 상대와 의견 충돌이 일어날 때, 또 기분이 안 좋을 때입니다. 반면에 기분이 좋을 때, 일이 잘 풀릴 때, 자신이 대단해 보이고, 우쭐해질 때도 실수할 수 있습니다. 이럴 때는 더욱 말조심해야 합니다. 입에 재갈을 더 물려야 합니다. 잘나갈 때 더욱 조심해야 한다는 것이죠. 내리막길과 급커브에서도 브레이크를 조절하고, 밟을 줄 알아야 한다는 것이죠. 그렇게 마음을 지키는 자가 성을 빼앗는 장수보다 위대하다는 사실. 마음을 지키는 자가 말을 통제할 수 있고, 말을 통제할 수 있는 자가 장수보다 위대하다는 사실을 깨달아야 합니다.

그렇다면, 말 공장인, 마음을 잘 통제하고 다스리기 위해서 어떻게 해야 할까요? 말씀과 기도에 힘써야 합니다. 축복된 언어생활에 큰 도움이 됩니다. 말씀과 기도로 거룩해집니다. 일기 쓰는 것도 참 좋습니다. 자신이 한 말들을 정리하는 시간이죠. 마음속의 좋지 않은 쓰레기 같은 생각을 품고 자면, 그다음 날이 또 얼마나 힘들까요? 매일 음식쓰레기를 처분하는 것처럼 글로 좋지 않은 생각의 쓰레기를 청소하는 것이 건강한 언어생활에 참 좋다는 것이죠. 불필요한 생각 같은 잡초 제거입니다.

정말 말 많은 세상에서 삽니다. 말의 홍수 시대에 삽니다. 말이 쏟아집니다. 말의 소음과 공해 속에 삽니다. 이것 때문에 정신적으로 육체적으로 고통받는 이들이 얼마나 많은지. 정말 세상은 코로나보다, 미세먼지보다 말이 더 위험합니다. 진실을 호도합니다. 잘못을 시인하거나 인정하지 않습니다. 궤변을 늘어놓고, 내로남불에, 말에 꼬리를 물죠. 모두가 바리새인이 되어가는 것 같습니다. 말 한마디로 사람을 죽이고, 정죄하고, 상처를 냅니다. 평생 마음의 불구로 만듭니다. 그 말로 정서 장애가 일어나고, 성격 장애자가 됩니다. 심지어는 그 말 때문에 자살까지 합니다. 정말 악한 사탄 마귀가 사람들의 말을 가지고 놀고, 장난치는 것 같습니다. 이렇게 듣지 않아야 할 말을 듣고 고통스럽게 살아가는 이들이 얼마나 많은지요? 저 북한의 미사일 도발보다 말 폭탄, 말 미사일이 더 해롭고 무섭지 않은지요? 우리의 행복을 송두리째 빼앗습니다. 언어폭력과 살인이 얼마나 무서운지 모릅니다. 이에 코네스 코플랜은 말합니다. "사탄이 우리에게 해를 끼치고자 할 때 가장 먼저 우리의 혀를 사용한다." 우리의 혀가 사탄의 도구로 전락할 수 있다는 사실을 명심해야 합니다.

성경은 말씀합니다. "혀는 곧 불이요 불의의 세계라 혀는 우리 지체 중에서 온 몸을 더럽히고 삶의 수레바퀴를 불사르나니 그 사르는 것이 지옥 불에서 나느니라 여러 종류의 짐승과 새와 벌레와 바다의 생물은 다 사람이 길들일 수 있고 길들여 왔거니와 혀는 능히 길들일 사람이 없나니 쉬지 아니하는 악이요 죽이는 독이 가득한 것이라 이것으로 우리가 주 아버지를 찬송하고 또 이것으로 하나님의 형상대로 지음을 받은 사람을 저주하나니"(약 3:6~9).

그러므로 우리 그리스도인들은 어떻게 해야 할까요? 자나 깨나 말조심이죠. 은혜로운 말, 선한 말, 덕을 세우는 말을 해야 합니다. 성경은 말씀합니다. "무릇 더러운 말은 너희 입 밖에도 내지 말고 오직 덕을 세우는 데 소용되는 대로 선한 말을 하여 듣는 자들에게 은혜를 끼치게 하라"(엡 4:29).

오늘 본문에서 뭐라고 말씀하나요? 사람은 입의 열매로 복을 받게 된다, 입을 지키는 자가 생명을 보존하게 된다고 합니다. 무슨 말인가요? 말 잘하라는 것이죠. 말 한마디, 생각해서 잘하라는 것이죠. 이왕 말하는 것, 복이 되는 말을 하라는 것이죠. 생명이 보존되고, 잘 되는 말을 하라는 것이죠. 사람의 죽고 사는 것이 혀에 달렸어요. 그러니 말을 잘해야 합니다. 말 경영 잘해야 합니다. 성공과 실패, 행복과 불행이 다 말에 달려 있습니다.

제가 말을 잘해서 이득을 본 경우가 있어요. 한번은 인천에서 미국 가는 비행기를 탔습니다. 예약은 해 두었고, 좌석은 발권받지 않았습니다. 항공권을 발권하는 비행사 직원에게 복도 쪽 좌석을 하나 달라고 했습니다. 화장실을 자주 가야 하니까, 복도 쪽 좌석 하나 꼭 부탁한다고. 그러면서 그 여직원이 나이도 약간 들어 보여서, '여사님'이라고 불렀습니다. 그랬더니 웃습니다. 그래서 제가 원하는 좌석을 주겠다고 생각했습니다. 그랬는데 복도 쪽 좌석이 꽉 차서 없다고 합니다. 그러면서 발권을 해주었습니다. 그 항공권을 들고 비행기에 탑승했는데, 기내 승무원이 항공권을 검사하다가, 저의 항공권을 보더니 2층을 가라고 합니다. 이상하다 싶었습니다. 알고 보니, 이등석 좌석이었습니다. 깜짝 놀랐어요. 얼마나 좋은지. 평생 처음 타보는 미주노선 이등석입니다. 그 여직원이 얼마나 고마운지. 삼등석 복도 쪽 좌석이 없으니까, 이등석 복도 쪽 좌석을 저에게 준 것입니다. 얼마나 감사한지. 고운 말, 존중하는 말을 했더니, 이등석이 저에게 선물로 돌아왔어요.

상대방을 먼저 말로 존중해주면 얼마나 좋을까요. 반면에 무시하는 말, 막말해 보세요. 좋은 일도 나쁘게 됩니다. 될 것 같은 일도 안 됩니다. 말로 무시하는 사람한테 왜 잘해주겠어요. 그러니까 말 잘해야 합니다. 말은 일종의 예술입니다. 상황과 시기에 맞게 적절한 말, 어울리는 말을 하면 정말 좋아요. 성경은 말씀합니다. "경우에 합당한 말은 아로새긴 은 쟁반에 금 사과니라"(잠 25:11).

어느 책에 보니까 이런 글이 있어요. "'당신 참 좋다'라는 말은 상대에게 큰 힘과 위로와 꿈을 줍니다. '수고했어요'라는 말은 온갖 피로를 다 씻어주고, '잘했어요'라는 말은 상대방에게 큰 용기를 주고, '고마워요'라는 말은 새 힘을 주며, '사랑해요'라는 말은 더욱 큰 소망을 줍니다. 우리가 이런 말을 할 때, 누구보다 우리 자신이 동일한 기쁨과 위로를 얻게 됩니다."

천재적인 발명가 에디슨은 초등학교 때 저능아로 취급받고 퇴학을 당했습니다. 그가 훗날 큰 성공을 거둔 뒤 기자들로부터 성공의 비결이 무엇인가 하는 질문을 받았습니다. 그때 그는 주저 없이 모든 공을 어머니에게 돌렸다고 하죠. 학교에서 쫓겨난 아들을 어머니는 오히려 격려해 주었다고. "실망하지 마라. 너는 상상력도 풍부하고 호기심도 많은 아이란다. 너는 마음만 먹으면 무엇이든 할 수 있어. 나는 네가 꼭 훌륭한 사람이 되리라고 믿는다." 에디슨은 어머니의 말씀을 평생 마음에 담아 두었다고 합니다. 그래서 99번의 실패에도 좌절하지 않고 100번째 도전을 할 수 있었던 것이죠. 누군가가 나를 무조건 믿어주고 사랑해주는 것처럼 큰 힘이 세상에 또 있을까요. 그때 어머니가 "너는 왜 만날 그 모양이냐"고 꾸중했다면 위대한 발명가 에디슨이 존재할 수 있었을까요?

프랑스의 천재적인 수학자이자 물리학자요 신학자였던 파스칼(Blaise Pascal)은 말합니다. "따뜻한 말은 많은 비용이 들지 않지만 많은 것을 이룬다." 우리도 서로에게 따뜻한 말 많이 하면 얼마나 좋을까요? 장 칼뱅은 말합니다. "우리의 모든 말들은 친절과 은혜로 가득해야 합니다. 이를 위해서 우리는 남에게 유익이 되는 말과 친절한 말을 해야 합니다." 은혜로운 말, 유익이 되는 말, 친절한 말을 하면 얼마나 좋을까요? 말의 힘은 상상을 초월합니다. 죽어가는 사람을 살릴 수 있습니다. 죽은 회당장 야이로의 딸을 보고 예수님이 말씀하십니다. "죽은 것이 아니라 잔다." 베드로와 요한이 성전 미문에 앉아 걷지 못하고 구걸하는 자에게 말합니다. "나사렛 예수 그리스도의 이름으로 일어나 걸으라."

혀와 입술과 말을 잘 경영하는 성공자, 승리자, 행복자가 되십시오. 사람을 살리고, 공동체의 유익과 덕을 세우는 축복의 통로가 되십시오. 인생은 말하는 대로 되어갑니다. 나쁜 언어 습관을 버리고 좋은 언어 습관을 가져야 합니다. 믿음과 확신의 언어 습관을 가져야 합니다. 《학습된 낙관주의자》의 저자 마틴 셀리그먼은 "성공하려면 인내력이, 다시 말해 실패를 겪어도 포기하지 않는 능력이 필요하다. 난 낙관적 언어 습관이 바로 인내력의 열쇠라고 생각한다."고 했습니다. 긍정적이고, 낙관적 언어 습관이 얼마나 좋은가. 말이여, 온전하소서.

감사하며 살자

감사하며 살자 만병통치약을 복용하고 싶은가?
용서와 화해 증오와 미움에 사로잡혀 사는가?
피곤하지 않게 사는 법 마음 관리 잘하고 있는가?
누구를 찍어야 할까 인성을 먼저 보라
제비뽑기 꿈, 희망, 행복을 주고 있는가?
낙하산을 접어 주는 사람 말없이 도와준 사람 있는가?
낙타의 후회 사소한 일에 목숨을 거는 편인가?
또 보자, JFK 그리운 도시가 있는가?
EULOGY 사랑하는 자를 잃었는가?
곤경을 돌이키사 욥 42:7-17

51
감사하며 살자

만병통치약을 복용하고 싶은가?

하버드 대학교에서 미국 대통령을 지낸, 프랭클린 루스벨트에 관해 전해지는 재미난 이야기가 있다. 어느 날, 루스벨트의 집에 도둑이 들어 많은 물건이 사라졌다. 이 소식을 들은 한 친구는 루스벨트에게 너무 마음에 담아두지 말라는 위로의 말을 담은 편지를 보냈다. 이에 루스벨트는 이렇게 답을 썼다. "친애하는 친구에게, 위로 고마워. 하지만 나는 개의치 않아. 오히려 도둑에게 감사하는걸. 왜냐고? 첫째, 도둑이 내 목숨이 아니라 내 물건을 훔쳐 갔으니까. 둘째, 내 물건 전부가 아니라 일부만 훔쳐 갔으니까. 셋째, 무엇보다 가장 다행인 것은 내가 도둑이 된 것이 아니라는 사실일세."

황성주 박사가 지은 《감사의 기적》에 감사에 대하여 이런 이야기를 한다.

"의학적으로 볼 때 '범사에 감사'하면 스트레스가 줄어들면서 행복

호르몬인 세로토닌 분비가 증가한다. 이를 통해 면역 기능이 회복되고 저항력이 강해지기 때문에 병원이 포기한 말기 암 환자도 오래 살 수 있다. 또 마음을 잘 돌보면 건강에도 굉장히 유익이 있다. 이 마음 돌봄의 첫 번째가 매일 감사다. 하지만 마음을 돌보지 않으면 여러 질병에 걸리게 된다. 실제로 내과 질환의 70%는 내면의 문제와 연관이 있다. 쉽게 분노하는 다혈질의 사람은 심장병과 고혈압에 걸리기 쉽고, 분노를 온전하게 다스리지 못하면 암, 위궤양, 과민대장증후군, 비만, 고혈압, 대상포진 등 다양한 내과 질환을 유발할 수 있다. 또 죄책감은 신경계 질환, 내분비 질환, 두려움은 호흡기 질환이나 공황장애, 질투심은 근골격계 질환의 원인이 되기도 한다."

그는 또 말한다. "감동에 무뎌진 삶을 살면 절대로 감사한 삶을 살 수 없고, 감동이 없는 사람은 타인을 사랑할 수 없을뿐더러 결국 건강한 삶과는 거리가 멀어지게 된다. 오늘도 무사히 살아 있음에 감동하고, 그래서 감사한 마음을 표출하고, 안 좋았던 일은 옷과 함께 벗어놓고, 웃는 얼굴로 잠을 청해야 건강하게 살 수 있다. 그렇게 오늘 감사하는 삶을 살면 내일 다른 사람에게서 '감사합니다'라는 말을 들을 수 있는 최소한의 자격 요건을 갖추게 된다."

불평불만은 암이 제일 좋아하는 감정이다. 감사와 같은 좋은 감정들은 면역력 개선에 도움이 되지만 불평, 불만, 불신, 미움, 시기, 질투, 분노와 같은 나쁜 감정들은 마음의 병과 더불어 몸의 병까지 불러온다. 분노는 암이 사랑하는 최악의 감정이다. 화를 잘 내는 사람의 사망률이 그렇지 않은 사람보다 20% 정도 더 높다는 미국 듀크대학교 의대팀의 연구 결과도 있다.

7세 때 빈민가에서 쓰레기통을 뒤지며 살았고, 9세 때 사촌 오빠에게 성폭행당했고, 14세 때 미혼모가 되었고, 15세 때 아이를 낳았지만 2주 만에 하늘로 보냈고, 이후 마약 복용으로 수감생활까지 하는 등 평탄치 않은 광야 인생을 보냈지만 결국 지구촌에서 가장 성공한 토크쇼 여왕이 된 오프라 윈프리. 그녀는 훗날 깨닫고 이렇게 말한다. "당신이 당신 앞에서 나타나는 모든 것을 감사히 여긴다면 당신의 세계가 완전히 달라질 것이다. 가지지 못한 것 대신 당신이 이미 가지고 있는 것에 초점을 맞춘다면 당신은 자신을 위해 더 좋은 에너지를 내뿜고 만들 수 있다."

"자유로워지고 싶었기 때문에 증오심을 내려놓았다." 남아프리카공화국 흑인 대통령이자 인권운동가 넬슨 만델라가 남긴 말이다. 그는 인종차별 정책인 '아파르트헤이트'에 반대하여 종신형을 받고 27년간 로벤섬 감옥에서 복역하면서 인권운동의 상징적인 존재가 된 인물이다. 그에게 27년간의 억울한 감옥생활은 복수의 칼을 갈기에 넉넉한 시간이었다. 하지만 그는 고백한다. "바라볼 수 있는 하늘에 감사, 딛고 설 수 있는 땅에 감사, 마실 수 있는 물 한 잔에 감사, 먹을 수 있는 음식 한 끼에 감사, 강제 노역 시간마다 일할 수 있는 기회에 감사, 모든 환경에 감사하며 지냈다." 이런 작은 감사를 통해 보복을 꿈꾸는 시간이 아닌, 용서하는 시간을 가졌다고 한다. 그렇게 자신을 바꾼 그는 훗날 노벨평화상까지 받게 된다. 매일의 작은 감사는 큰 위력을 발휘한다.

심리학자 로버트 에몬스와 마이클 메컬로 박사는 《감사 심리학》이라는 책에서 감사의 삶이 심장 박동을 정상화한다고 주장한다. 감사하는 마음을 가질 때 가장 이상적인 심장 박동을 유지하게 된다. 혈압과 호흡까지도 정상화된다. 분노하는 사람의 심장 박동은 가장 불안한 상태를 보이지만 휴식을 취하면 안정이 된다. 감사하는 마음을 가지면 휴식할 때보다 훨씬 더 안정적인 형태가 된다. 그렇게 감사가 우리 몸을 온전하게 회복시키는 최고의 명약이다.

미시간대학교 심리학 교수 크리스 피터슨은 말한다. "인간의 진정한 희망은 사랑과 감사에서 찾을 수 있다. 그중에서도 감사가 가장 중요하다. 감사야말로 기적의 치료제다." 그는 또 말한다. "감사하면 건강해진다. 몸과 마음이 아플 때 '땡큐 테라피'를 적용해 보라. 땡큐 테라피는 식전과 식후 아무 때나 복용할 수 있다. 물과 함께 또는 물 없이도 복용할 수 있다. 호흡곤란이 올 때, 가슴 통증이 느껴질 때도 수시로 복용할 수 있다. 이 치료제는 특별한 처방전이 필요하지 않다. 부작용이 없고 더군다나 무료다." 그렇게 감사는 기적의 치료제다.

돈 베이커 교수는 《감사요법》이라는 책에서 감사가 조건이나 환경을 변화시키지는 못하지만, 감사에는 마음가짐과 태도를 변화시켜 결국 자기 자신까지 변화시키는 힘이 있다고 강조한다. 실제로 감사는 면역력 향상, 우울증 치료, 순환기 건강, 치유력 증대에 효과가 있다. 하루에 15분 동안 자신이 감사할 것이 무엇인지를 집중적으로 생각해도 면역력이 급격히 향상된다.

스탠리 텐이라는 미국인 사업가가 있다. 그는 척추암 3기였다. 1976년 당시는 고치기 힘든 암이어서 모든 사람이 그가 곧 죽을 것이라고 여겼다. 그런데 몇 달 후 병상에서 툭툭 털고 일어나서, 다시 출근하는 기적 같은 일이 일어났다. 놀라서 묻는 지인에게 그는 이렇게 말했다. "계속해서 감사기도만 했는데, 병이 다 나았습니다." 그가 했던 기도는 단순했다. "병들게 된 것도 감사합니다. 병들어 죽게 된 것도 감사합니다. 저는 죽음 앞에서 주님께 감사할 것밖에 없습니다. 살려주시면 살고, 죽으라면 죽겠습니다. 주님, 무조건 감사합니다." 이렇게 매 순간 무조건 감사하고 또 무조건 감사했더니 건강을 되찾게 되었다는 놀라운 고백.

한국의 슈바이처로 알려진 장기려 박사. 그는 평생 자기 집 한 채 갖지 않고 병원 옥상 사택에서 살다가 1995년 12월 추운 겨울날 새벽에 세상을 떠났다. 한번은 고인이 아킬레스건이 끊어져 병원에 장기 입원했을 때의 일이다. 병문안 왔던 많은 사람이 어떻게 그런 고통스러운 상황에서도 밝은 얼굴로 지내느냐고 의아해했다. 그는 세 가지 감사를 알게 된 덕분이라고 말했다고 한다. "나의 힘으로 모든 것을 이룬 것처럼 생각했던 교만을 깨닫게 되어 감사. 그동안 만나보지 못했던 많은 친지와 제자를 만날 수 있게 됨을 감사. 그동안 바빠서 읽지 못했던 책들을 병상에서 조용히 읽을 수 있음에 감사하다."

《탈무드》에 이런 글귀가 있다. "세상에서 가장 강한 사람은 자기를 이기는 자, 가장 지혜로운 사람은 끝없이 배우는 자, 가장 부유한 사람은 항상 만족할 줄 아는 자, 가장 행복한 사람은 감사하며 사는 자."

빌리 그레이엄 목사는 말한다. "감사하는 마음은 자신이 주님께 마음이 맞춰져 있는 그리스도인임을 나타내는 가장 뚜렷한 특징 중 하나입니다. 고난과 모든 박해 속에서도 하나님께 감사하십시오."

《빙점》으로 유명한 일본 소설가 미우라 아야코. 그녀는 24세부터 13년 동안 당시로는 불치병인 폐결핵을 앓는 등 청춘의 전부를 침상에 누워만 지냈다. 그뿐만 아니다. 폐결핵을 비롯한 척추 카리에스, 파킨슨, 대상포진 등을 달고 살았으나 항상 웃으면서 주변 사람들에게 감사의 중요성을 전했다. 그런 그녀가 감사에 대한 아주 귀한 글을 남겼다. "아프지 않으면 드리지 못할 기도가 있습니다. 아프지 않으면 듣지 못할 말씀이 있습니다. 아프지 않으면 우러러보지 못할 거룩한 얼굴이 있습니다. 아프지 않았다면 나는 인간일 수조차 없었습니다."

미우라 아야코는 병으로 잃은 것은 건강뿐이었고, 오히려 얻은 것이 있다는 생각의 전환, 아픔을 통해 배운 것이 있었으니 원망하지 않겠다는 자세, 아프지 않았다면 몰랐을 것들에 대해 감사하는 미우라 아야코의 태도가 매우 놀랍기만 하다. 그렇게 그녀는 감사의 렌즈로 자신의 병을 바라보았던 것이다.

《마음이 흐르는 대로》라는 책을 쓴 기독교 신자인, 의사 지나영. 그녀는 어려운 시절을 믿음으로 극복하고 광야의 여정을 통과하여 유명한 미국 의사가 되었다. 하지만 희귀병에 걸렸다. 그녀는 말한다. 자신이 희귀병에 걸려서도 의사 활동을 하는데, 원망보다 감사하면서 긍정의 에너지로 의사 활동을 하고 있다고. 그녀는 말한다. 감사는 건강에 큰 도움을 주고, 자존감을 높이고, 정신적 건강에도 큰 도움이 된다고. 그래서 요즘 받은 복을 열심히 세어 보고 있다고. 그랬더니 더 긍정적인 자세로 일상을 살 수 있게 되었다고 간증한다.

한때 세계 유명 여성 잡지 〈엘르〉의 편집장을 지낸 프랑스인, 장 도미니크 보비. 당시 프랑스 사교계를 주름잡았던 그가 한창 잘나가던 43세에 뇌졸중으로 쓰러졌다. 3주 만에 의식이 돌아왔지만 '록트인 증후군'에 빠졌다. 이 록트인 증후군은 의식이 있으나 전신 마비로 인하여 외부 자극에 반응하지 못하는 상태다. 평생 방안에 갇혀 살 수밖에 없고, 외부와의 소통은 사실상 거의 불가능하다. 그런데 그의 마비된 몸 가운데 딱 한 군데 왼쪽 눈꺼풀만 움직일 수 있었다. 이 눈꺼풀로 의사소통을 했다. 그는 《잠수종과 나비》라는 책에서 이렇게 고백한다. "끊임없이 입속에 과다하게 고이다 못해 입 밖으로 흘러내리는 침을 정상적으로 삼킬 수만 있다면 세상에서 가장 행복한 사람이 된 기분일 것 같다."

시인 이혜인은 감사가 인생 꽃길을 만든다고 강조한다. "감사만이 꽃길입니다. 누구도 다치지 않고 걸어가는 향기 나는 길. 감사만이 보석입니다. 슬프고 힘들 때도 감사할 수 있으면 삶은 어느 순간 보석으로 빛납니다."
어느 친구 목사님의 사모가 갑자기 유방암에 걸리고 자궁과 난소 제거 수술까지 해야 했다. 그런데도 얼굴이 밝고 오히려 감사하였다. 이 모습을 보면서 도전과 은혜를 받았다. 치료하는 과정에서 하나님의 위로와 은혜가 넘쳤다고 간증한다. 위로하러 갔다가 오히려 큰 도전과 은혜를 받고 왔다.

철학자 키케로는 감사가 인간의 모든 덕목 중 최고의 덕목이며, 다른 모든 덕목의 어머니이며, 인생 행복 시크릿이라고 한다. 철학자 흄은 인간이 저지를 수 있는 범죄 중에 가장 사악한 것이 감사하지 못하는 것이라고 한다. 철학자 칸트는 감사하지 못하는 일은 사악함의 본질 그 자체라고 한다.

누가복음 17장에 보면, 예수님이 사마리아와 갈릴리 사이로 지나

가시다가 한 마을에 들어가셨다. 이에 예수님이 오셨다는 소식을 들은 열 명의 나병환자들. 그들이 멀리 서서 자신들을 불쌍히 여겨달라고 예수님께 소리친다. 이에 예수님은 가서 제사장들에게 몸을 보이라고 말씀하신다. 이 말씀대로 그들이 제사장에게 가다가 깨끗함을 받게 된다. 모두 완전 치료를 경험하였다. 하지만 예수님께 돌아와서 감사한 사람은 단 한 사람뿐이었다. 그는 발아래 엎드려 예수님께 감사를 표했다. 이에 예수님은 말씀하신다. "그 아홉은 어디 갔느냐?" 감사는 말처럼 쉽지 않다.

가나안에 들어가기 위하여 광야를 통과하는 이스라엘 광야교회 성도들은 처음부터 끝까지 원망 불평한다. 비난 정죄 한탄 후회가 하늘을 찔렀다. 지도자 모세와 여호와 하나님께 계속 원망하였다. 고기가 없다고, 물이 없다고 원망 불평을 쏟아 내었다. 나중에 정탐꾼들이 가나안 정탐 후에 보고를 한다. 그러자 이 광야로 우리를 죽이려고 데리고 왔냐고 원망 불평 후회 한탄 비난 정죄하였다. 지도자 모세를 돌로 쳐 죽이려고 하였다. 정말 한심한 일들이 벌어졌다. 결국 이들은 40년간 고통스러운 삶을 살다가 다 광야에서 죽는다. 20세 이상의 출애굽 1세대는 가나안 땅을 밟아보지 못하였다. 40년 동안 광야에서 살다가 비참하게 죽었다.

한양대학교 홍성태 교수가 쓴 《모든 비즈니스는 브랜딩》에 보면, 사무엘 라이보비치라는 유대인 변호사를 언급하는 대목이 나온다.

그는 평생 사형수를 무료 변호해주는 것으로 유명하다. 그의 변호로 78명의 사형수가 무기 징역이나 그 이하로 감형되었다. 그는 어느 강연에서 이런 말을 했다고 한다. "저는 평생 무료 변호를 통해 78명의 사형수를 죽음으로부터 건져냈습니다. 그러나 그 어느 사람으로부터도 다음 두 단어를 들은 적이 없습니다. 그 단어는 '땡큐 Thank You'입니다."

성경은 처음부터 끝까지 구원받은 이후에 감사하라고 한다. 구원받은 백성의 가장 변화된 특징은 감사다. 범사에 감사하라고 명한다. 감사하는 자가 되라고 강조한다. 이것이 하나님의 뜻이라고. 거듭나고 중생한 자의 특징이라고. 그렇게 감사하는 자가 되라고 권면한다. 당회실 뒤쪽 벽면에 큰 액자가 하나 걸려 있다. 시편 100편 성구다. 4절이 "감사함으로 그의 문에 들어가며 찬송함으로 그의 궁정에 들어가서 그에게 감사하고 그의 이름을 송축할지어다"(시 100:4).

〈감사송〉이란 노래가 있다. 가사가 재밌다. "그래서 감사, 그래도 감사, 그러나 감사, 그러므로 감사, 그렇지만 감사, 그럼에도 감사, 그러니까 감사, 아주 그냥 감사, 그리하실지라도 감사, 그럼에도 불구하고 감사, 이래도 저래도 감사, 매일 매일 감사, 항상 감사, 쉬지 말고 감사, 범사에 감사." 이렇게 살면 얼마나 좋을까. 불평하지 말고 감사하며 살자.

52
용서와 화해

증오와 미움에 사로잡혀 사는가?

 1918년 아프리카 템부족 족장의 아들로 태어난 한 젊은이. 그는 흑인 인권운동에 뛰어들었다. 처음에는 철저하게 비폭력 원칙과 간디의 무저항주의를 받아들여 평화적인 방법으로 자신의 꿈을 이루고자 했다. 그러다가 1960년 요하네스버그 남쪽, 샤프빌에서 열린 대규모집회에서 경찰의 총기 난사로 69명이 사망하고 수백 명이 다치는 참사가 벌어진다. 이 젊은이는 이 사태에 절망하고 분노한다. 이를 계기로 평화 시위 운동을 중단하고 무장 투쟁을 전개하였다. '국민의 창'이라는 비밀군대를 조직하고, 정부군에 맞서 싸우기 위해 게릴라 전술을 습득하였다. 에티오피아로 건너가 군사훈련을 받았다. 그러다가 체포되어 종신형을 선고받는다. 중년의 나이인, 46살에 종신형을 선고받고 섬에 수감된다.
 하지만 자유의 희망을 버리지 않았다. 감옥에서 채소밭을 일구고, 감방 안에서 열심히 운동하며 자신의 몸을 단련하였다. 감방의 차가운 바닥 위에서 제자리뛰기 45분, 손가락 집고 팔굽혀 펴기 200회, 윗몸일으키기 100회, 그리고 젊은 시절 배운 복싱 연습을 매일 잊지 않았다. 그렇게 27년 복역 끝에 1990년 2월 11일, 일흔이 넘은 노인이 되어 석방되었다.

하지만 남아공의 현실은 여전히 암울했다. 백인 정부는 악명 높은 인종차별 정책에서 한 발짝도 물러서지 않았다. 그는 파국을 막기 위해 흑인종족들의 다양한 목소리에 귀를 기울였다. 백인 정부와도 협상을 벌였다. 결국 국민의 대다수를 차지하는 흑인들도 선거에 참여할 수 있는 민주적 선거제도의 정립을 관철하였다. 1993년 노벨평화상을 받고, 대통령으로 선출되었다. 마침내 남아공에서 인종 차별 정책이 종결되고, 350여 년에 걸친 인종 분규도 종식되었다.

하지만 그것으로 모든 문제가 해결된 것은 아니었다. 그가 대통령이 된 후 정부에 있던 모든 백인은 짐을 싸기 시작하였다. 자신들의 만행에 대한 보복이 두려웠기 때문이다. 하지만 대통령이 된 이 인물은 전혀 다른 길을 결심한다. '진실과 화해 위원회'를 구성해 지금까지 저질러졌던 백인들의 인권침해 범죄에 대한 진실을 낱낱이 밝혀냈다. 하지만 그들을 사면하였다. '용서하되 잊지는 말자'라는 슬로건 아래 단 한 명도 과거사로 처벌하지 않았다. 오히려 함께 손잡고 남아공의 위기를 해결해가자고 촉구하였다. 자신들을 핍박했던 이들을 용서하고 화해하며 함께 미래로 나아가고자 촉구하였다. 그의 행보에 대해 전 세계가 감동하고 찬사를 보내었다.

훗날 오프라 윈프리는 인터뷰에서 그에게 물었다. "어떻게 감옥생활을 하면서 복수심이 아닌 용서의 마음을 가질 수 있었습니까?" 그는 대답했다. "감옥이 나를 변화시켰습니다. 인생에 있어서 가장 어려운 과제인, 나 자신을 감옥이 변화시켰습니다." 감옥에서 변화되고, 성숙되어 나온 넬슨 만델라는 보복이 아닌, '용서와 화해'의 길이 최선의 열쇠인 것을 깨닫고, 자신의 삶을 송두리째 파괴한 자들을 용서하고 포용하는 상상하기 어려운 길을 택하였던 것이다.

용서와 화해보다 더 아름답고 숭고한 길이 있을까? 원수 갚는 일은 주께 맡기고, 사랑과 용서와 화해를 통해서 하나님께 영광 돌리면 얼마나 좋을까? 우리 모두 그렇게 살아가자.

53
피곤하지 않게 사는 법

마음 관리 잘하고 있는가?

    삶이 피곤한 게 아니라 마음이 피곤한 것이다. 정서의 불안이 인생을 피곤하게 만든다. 마음이 힘들면 정서가 불안해지고, 정서가 힘들면 신체가 힘들어진다. 마음속 빈 곳을 채우고, 밝은 빛으로 나가야 한다. 감사하는 마음으로 채우면 편안한 삶이 된다. 마음을 열면 행복하고, 마음을 닫으면 불행하다. 느리게 더 느리게, 삶의 향기를 맡아야 한다. 빨리 자란다고 좋은 나무로 성장하는 것이 아니다. 단순한 삶이 가장 근사하다. 내가 단순해지면 세상도 단순해지고, 물질적 욕망을 죽일수록 정신은 자유로워진다. 돈과 명예는 자유로워지기 위한 수단에 불과하다.

    목숨보다 중요한 일은 없다. 내가 행복하면 세상이 아름답다. 극단적인 관계는 번뇌를 불러온다. 마음껏 그리워할 친구가 필요하다. 내가 대접한 대로 상대도 그렇게 해주길 바라지 말라. 내려놓으면 자유로워진다. 즐거운 일은 기억하고, 슬픈 일은 잊어버려라. 넓은 마음을 가져라. 감정을 발산하고 마음을 해방해라. 과거를 잊고, 현재를 소중히 여기며, 미래를 준비하라.

현대인의 건강을 위협하는 병 중 사람의 목숨을 가장 많이 앗아간 질병은 고혈압, 심장병, 암이다. 이른바 3대 질병이다. 이 병들은 마음이 피곤한 사람일수록 걸리기 쉽다. 목회자는 특히 이 세 가지 질병을 조심해야 한다. 직업상 마음이 빨리 상하고 피곤해지기 때문이다. 마음과 정서 관리가 중요하다. 건강을 잃고 얻은 성공은 아무짝에도 쓸모없다. 그래서 석유 사업가 존 록펠러는 그 바쁜 중에도 매일 오후에 30분씩 낮잠을 잤다고 한다. 그때는 대통령이 전화해도 받지 않았다고 한다.

절대 무리하게 일할 필요 없다. 과로사로 얼마나 많은 비극이 일어나는지 모른다. 세계보건기구는 우울증이 21세기 인류 사회를 위협하는 가장 심각한 병이 될 것으로 예측했다. 실제로 우울증 환자는 계속 증가하고 있다. 우리 사회도 마찬가지다. 코로나를 통과한 후에 우울증 환자가 더 많이 생겼다. 정신 건강에 모두 힘을 써야 한다. 연어, 고등어, 참치, 호두, 마늘은 스트레스 해소에 탁월하다고 한다. 스트레스로 인하여 우울증이 오기도 한다. 그러니 스트레스 해소에 좋은 음식을 잘 먹어야 한다.

미국 기업가들 사이에서는 이런 말이 유행한다. "하늘은 열심히 하는 사람을 돕지 않는다. 하늘은 옳은 방법으로 일하는 사람을 돕는다." 틀린 말이 아니다. 옳은 방법으로 일해야 한다. "미소는 돈 들이지 않고도 무한한 가치를 창조한다." 영국 속담이다.

짐은 무겁지만, 사랑에는 무게가 없다. 사랑과 아름다움은 인생의 무게를 줄여준다. 적당한 거리를 두어야 인간관계는 오래 유지될 수 있다. 물고기의 기억력은 7초밖에 안 된다고 한다. 좋은 않은 기억과 생각은 빨리 잊어버리자.

긍정적인 생각은 내리던 비도 멈추게 한다. 비도 폭풍우도 언젠가는 그치게 되어 있다. 노자는 "폭풍은 아침나절을 넘기지 못하고, 소나기는 하루를 넘기지 못한다"라고 하였다. 비가 온 뒤 하늘은 더 맑고 깨끗하며, 평소에는 보지 못하는 무지개를 볼 수도 있다. 좌절과 시련은 우리 인생에 내리는 비와 같다. 억수같이 쏟아지는 비도 언젠가는 그치게 마련이다. 인내심을 가지고 기다리기만 한다면 먹구름이 걷힌 청명한 하늘을 볼 수 있게 된다. 긍정적인 생각으로 살아야 한다.

세상에서 가장 넓은 것은 바다가 아니라 마음이다. 그러니 넓은 마음을 가져야 한다. 좁은 마음으로는 아무것도 할 수 없다. 사도 바울은 속 좁은 고린도 교회를 향하여 마음을 좀 넓히라고 권면하였다. 넓은 평수의 아파트만 찾지 말고 먼저 자기 마음의 평수를 넓히도록 힘써야 한다. 일본의 교육자 다니구치 마사하루는 말한다. "우리 마음에는 재앙을 끌어당기는 자석이 있습니다. 병에 걸리는 것도 질병을 끌어당기는 허약한 마음 때문입니다." 질병을 부르는 부정적인 생각을 버리고 항상 긍정적인 생각으로 살아야 한다. 쑤쑤가 쓴《멈추어야 할 때 나아가야 할 때 돌아봐야 할 때》라는 책을 많이 참고하였다.

54
누구를 찍어야 할까

인성을 먼저 보라

어니스트 헤밍웨이는 《노인과 바다》의 도입 부분을 200번 넘게 수정한 문장을 깃발처럼 꽂고 영토를 확장하듯 이야기를 펼쳐 나갔다. 실로 그의 노력은 대단하다. 위대한 작가는 그냥 만들어지지 않는다. 설교문을 매주 작성하는 나에게 엄청난 도전이다.

미국 예일대 의과대학에선 "명의가 되려면 명화를 감상해야 한다"라는 말이 회자하고 있다. 이 대학의 어윈 브레이버만 교수는 미술교육을 받은 의대생이 그렇지 않은 학생에 비해 환자를 진단하는 능력이 뛰어나다는 연구 결과를 내놓은 바가 있다. 그림 감상 수업을 통해 관찰력이 높아지면서 환자의 상태를 종합적으로 진단하는 능력도 향상됐다는 설명이다. 나도 미술에 좀 관심을 가져야 하겠다. 목회하는 데 필시 도움이 될 것 같다. 성악은 어떤지 모르겠다.

두 마리 늑대가 있었다. 하얀 늑대는 이해와 용서를 먹고 자랐다. 검은 늑대는 질투와 분노를 먹잇감으로 삼았다. 두 늑대는 자주 싸웠다. 싸움은 한쪽이 죽어야만 끝이 나곤 했다. 어느 쪽이 이겼을까? 더 많은 먹이를 먹고 자란 늑대가 이겼다고 한다.

우린 무엇을 많이 먹어야 할까? 이해와 용서다. 성경 읽기를 통해 부지런히 이해와 용서를 많이 먹자. 김찬호 사회학자가 한국 사회의 어두운 면을 들여다보고 쓴 《모멸감》이라는 책에 따르면, 우리나라의 경우 '선플'보다 '악플'이 네 배가량 많이 달린다고 한다. 일본은 그 반대라고 한다. 선플이 악플의 네 배 정도 된다고 한다. 튤립의 나라 네덜란드는 선플이 악플보다 무려 아홉 배나 많다고 한다. 정말 수준 높은 나라다. 악플을 압축 성장의 후유증으로 진단하는 사회학자도 있다. 치열한 경쟁에 내몰린 이들이 느끼는 좌절감과 열등감이 인터넷 공간에서 언어의 폭력 형태로 표출되는 것으로 분석하는 심리학자도 있다.

또 다른 시각에서 악플의 뿌리가 분노라는 분석도 있다. 악플이 좌절감 때문이든지, 열등감 때문이든지, 분노 때문이든지 속히 치료하자. 그리고 절대 악플을 달지 말고 선플을 달도록 하자.

미국의 경제학자이자 문명비평가 제르미 리프킨은 《공감의 시대》에서 현존 인류를 '공감하는 인간' 호모 에파티쿠스로 규정했다. 그가 만약 우리나라 주요 포털 사이트에 실시간으로 달리는 댓글을 한

두 시간만 정독했더라면 아마 이렇게 말하지 않았을까 싶다. "현존 인류는 공감하는 인간인 동시에 키보드라는 무기로 공격도 하는 인간이다!"라고 말이다.

"선한 사람은 마음에 쌓은 선에서 선을 내고 악한 자는 그 쌓은 악에서 악을 내나니 이는 마음에 가득한 것을 입으로 말함이니라"(눅 6:45).

좋은 독서와 성경 읽기를 통해서 선한 마음을 우리 안에 가득 쌓자. 요즘 국회의원 후보자들의 말이 왜 그리 천박하고 수준이 낮은지 모르겠다. 투표자의 한 사람으로서 투표를 해야 할지 말아야 할지 정말 헷갈리게 만든다. 언제부터 우리 대한민국의 국회의원 출마자들의 수준이 이렇게 되었는지 모르겠다. 예전에는 그렇지 않은 것 같은데 말이다.

선거 때마다 누구를 찍어야 할지 고민이다. 정말 누구를 찍어야 할까. 답은 뻔하다. 마음이 선하고, 말이 선한 후보를 뽑아야 한다. 말이 인격이고, 곧 그 사람이고, 곧 그의 정치가 되기 때문이다. 인격이 부족한 사람이 법을 만든다고 생각해 보라. 어떤 법이 만들어지겠는가. 말이 선하고, 말로 덕을 쌓는 후보를 찍도록 하자. 좋은 법안이 만들어질 것이다.

지도자의 문제는 결국 인성의 문제다. 정치 지도자는 더욱 그렇다.

인성이 제대로 된 지도자가 뽑혀야 나라도 평안하게 돌아간다. 그렇지 않고 인성이 엉망인 자를 뽑으면 나라는 혼란에 빠질 수밖에 없다. 국민 모두의 현명한 판단이 정말 필요하다.

55
제비뽑기

꿈, 희망, 행복을 주고 있는가?

총회를 앞두고 선거철이 되었는지, 문자로 선거전에 나가는 출마자들의 선거 홍보 문자가 하루 멀다고 계속 들어온다. 비용도 많이 들고, 열정과 에너지도 많이 들 텐데, 참 대단하다. 참 이런 섬김이 귀해 보인다. 총회 섬기는 것은 힘들다. 목회 외에 추가 시간을 내어서 섬기는 것이니, 이 섬기는 일에 앞장서겠다고, 또 자기가 이런저런 장이 되어야 총회가 잘될 것이라고. 그렇게 총회를 앞두고 선거철만 되면 후보자들로부터 선거 홍보 문자를 많이 받는다. 전화도 많이 온다. 참 귀한 일이다. 총회를 섬기시겠다는 그 열정과 섬김에 박수를 보낸다.

하지만 예전처럼 제비뽑기로 환원하면 어떨까? 깨끗한 선거를 할 수 있지 않을까. 선거 홍보의 부담과 비용도 줄일 수 있다. 후보자들은 모두가 다 준비된 분들이다. 목회자로 소명 받아 목사가 되고, 교인들의 지지와 인정으로 장로가 된 분들이다. 다 좋고, 귀한 분들이다. 실력 있는 분들이다. 지역 교회와 노회에서 모두 검증되고 인정된 분들이다. 그러니 이분들을 놓고 제비뽑기하여 총회 일꾼으로 세워 섬김의 장을 열어 주면 어떨까.

목회하기 정말 힘든 시기다. 하루하루가 숨이 막힌다. 매일 목회적 한계를 뼈저리게 느낀다. 예배당에 빈자리가 늘면 잠을 자지 못한다. 그 빈자리가 예전처럼 금방 채워지는 것도 아니다. 코로나를 통과한 후에는 그 현상이 더욱 두드러진다. 요즘 목회 환경은 예전 같은 부흥기가 아니다. 교회 문만 연다고 교인들로 채워지는 그런 시대가 아니다. 교회 건물만 새로 짓는다고 몰려드는 시대도 아니다. 2010년 이후 특히 3년 코로나 이후로 한국 교회의 교세는 급감하고 있다. 내리막이다. 가나안 교인만 늘고 있다. 나라가 잘살다 보니 갈수록 종교에 무관심해진다. 인구절벽도 한몫한다.

지난 10년간 한국을 대표하는 주요 6개 교단의 교인 수가 191만 명 정도 줄었다는 기사가 있다. 갈수록 목회 환경이 힘겹다. 노회도 마찬가지다. 각 노회의 절반이 미자립 교회다. 폐쇄하는 교회도 많다. 교회 휴점 상태인 교회도 상당수다. 도시 상가교회, 개척교회, 농어촌교회의 현상은 더 힘들다. 통합 측에서는 농어촌교회의 통폐합 이야기도 나온다. 미국 이민교회 현실은 더욱 힘들다. 문 닫는 교회가 속출하고 있다. 개점휴업 상태의 교회도 늘고 있다. 어느 대도시의 한인교회는 3년 코로나 기간에 절반이나 문을 닫았다는 소식을 접한다. 교인 출석은 반타작이다. 많아야 80%만 회복되지 않았을까. 또 코로나 재유행 뉴스도 나온다. 주요 초대형(mega) 교회만 교세가 늘 뿐이다. 대다수가 수평 이동이다. 대부분 교회는 내리막이다. 재정도, 교회학교도 마찬가지다. 반이라도 출석하는 것도 대단한 일이다. 현상 유지가 곧 부흥이다. 줄지 않으면 은혜다. 투잡(two job), 쓰리잡(three job) 뛰고, 사모가 일하지 않으면 생계가 곤란한 목회자도 늘고 있다.

한국 교회 춘삼월 호시절은 지나간 지 오래다. 그런데 아직도 그런 환상에 젖어 사는 이들이 많다. 정체기를 지나 이제 쇠퇴기로 접어들었다. 건물이 큰 교회는 체제 유지에 급급하다. 추락하는 것은 날개가 없다는 말처럼 어디까지 추락할지 알 수 없다. 향후 20년, 30년 후의 한국 교회 모습은 어떨까. 총회의 모습은 또한 어떨까? 과시와 외양을 지양하고 내실과 실리를 갖추어야 한다. 이런저런 대안들을 내놓는다. 추락하는 교단 내 교회를 비상하게 만드는 대안이 되면 좋겠다. 총대들이 의무적으로 가입해야 하는 연기금 정책도 다시 고려해 봐야 한다. 자발적인 것이 가장 좋다. 이 어려운 목회 환경에 시간 내어 총대로 참석해 주는 것도 고마운 일이 아닌가. 해마다 바뀌는 일회성 구호들로 약한 교회들이 다시 힘을 얻고 일어서면 얼마나 좋을까.

선거비용으로 더는 돈 낭비하지 않았으면 좋겠다. 그 홍보비와 행정비로 더 귀한 일에 사용하면 좋겠다. 다 성도들의 헌금일 텐데. 아니 후보자의 개인 돈이라도 아깝지 아니한가. 상회비만 강요하는 총회가 아니라 겸손과 서비스 정신으로 노회와 지교회와 총대를 섬기면 얼마나 좋을까. 아직도 교권주의에 집착하는가? 권위를 내세워, 높은 직함의 힘으로 갑질하는 분들이 있는가? 논리와 설득과 합리와는 전혀 거리가 먼 예전의 구태적인 모습으로 총회 행정을 어지럽히고 어렵게 만드는가? 교권으로 밀어붙이는가? 목사직 하나면 충분하다. 장로 직함 하나면 충분하다. 하나님 앞에 섰을 때 그 모든 직함이 무슨 필요가 있겠는가. 어떤 조직이든 비대해지면 타락한다. 생선은 머리부터 썩는다는 말도 있다.

  총회가 작아지면 좋겠다. 대회제 이야기도 논의되고 있다. 제비뽑기로 환원되면 좋겠다. 기도할 뿐이다. 좋은 후보가 당선되면 좋겠다. 바른 총회, 하나님께 영광 돌리는 총회, 개혁적인 총회, 지교회와 노회에 꿈과 희망과 행복을 주는 총회가 되면 좋겠다. 후보들의 노력과 열정에 박수를 보낸다. 다 총회가 잘 되자는 몸부림이다.

56
낙하산을 접어 주는 사람

말없이 도와준 사람 있는가?

2차 대전 때 공을 세운 아난드라는 공군 비행대장이 있었다. 적진까지 출격해 중요한 군사기지를 파괴함으로써 적의 전쟁 의지를 꺾어 놓은 인물이다. 한번은 적의 포격에 격추되기도 했지만 무사히 낙하산을 펼쳐 탈출할 수 있었다. 제대 후에 고향으로 내려가 살았다. 어느 날 카페에 한 남자가 다가와 그에게 군대식으로 경례했다. 아난드는 그를 알아보지 못하는 것에 미안해하며, "전에 만난 적이 있던가요?" 하고 물었다. 남자가 말했다. "저는 비행대장님을 잘 압니다. 제가 근무하던 부대에 함께 계셨습니다. 전투기가 격추되었을 때 대령님은 낙하산을 타고 안전하게 탈출하셨지요. 그날 낙하산을 접어 대령님 전투기에 설치한 담당 병사가 저였습니다. 무사 생환 소식을 듣고 얼마나 기쁘고 자랑스러웠는지 모릅니다."

아난드는 자리에서 일어나 남자를 와락 껴안았다. 자신도 모르게 눈물이 흘렀다. 그리고 그 남자에게 진심 어린 감사의 말을 했다. 그의 전문적인 낙하산 접는 실력 때문에 목숨을 구한 것이다. 만약 제대로 접지 않았다면 제때 펼쳐지지 않았을 것이다. 그날 아난다는 잠을 이룰 수 없었다. 같은 공군 부대에 근무하면서 그 병사를 얼마나 많이 지나쳤겠는가. 하지만 그를 알아보지도 못했다. 자신은 장교이고 그는 사병이기 때문에 눈길조차 주지 않았었다.

   우리는 우리를 위해 낙하산을 접어주는 사람을 얼마나 인식하며 살아가는가? 우리가 삶을 살아갈 수 있도록 지지해주고, 기도해주며, 중요한 순간마다 물질적으로 정신적으로 온갖 종류의 낙하산을 접어주는 사람을 혹시 잊고 있지는 않은가? 그리고 우리는 다른 누군가를 위해 얼마나 낙하산을 접어주며 살아가고 있는가? 류시화가 쓴 《좋은지 나쁜지 누가 아는가》에 나오는 글이다.

   이 글을 읽고 적잖은 감동을 하였다. 내게도 이런 사람이 있는지. 나를 위해 낙하산을 몰래 접어 준 사람 말이다. 나의 삶을 지지해지고, 기도해준 사람 말이다. 물질적으로 정신적으로 온갖 종류의 도움을 준 사람 말이다. 그렇게 나를 위해 낙하산을 접어 준 사람들을 떠올려보았다. 그리고 나 역시 타인을 위해 낙하산을 접어준 담당 병사처럼 살아야 하겠다는 결심을 해 본다.

   모두가 다 자신이 잘 나서 여기까지 온 줄 안다. 절대 그렇지 않다. 누군가 자신을 위해 낙하산을 접어주었기에 여기까지 오게 되었다. 그런데도 그것도 모르고 자신이 잘나고, 자신이 똑똑해서 여기까지 왔다고 생각한다. 성공했다고. 부자가 되었다고. 명성을 얻게 되었다고. 인기를 얻었다고. 셀럽이 되었다고. 그렇게 거만하게 우쭐대며 살아간다. 그러다가 정상에서 미끄러진다. 바닥에 떨어져서야 정신을 차린다. 누군가가 자신을 위해 낙하산을 접어주었기에 자신이 정상에 섰다는 사실을 뒤늦게 깨닫는다.

인생의 비행에서 떨어지다가 낙하산 때문에 살아난 적이 있는가? 남몰래 수고하면서 그 낙하산을 접어 비행기에 넣어둔 사람이 있는가? 정말 고마운 사람, 잊지 못할 사람이다. 눈을 잠시 감아 본다. 지난날 누가 나를 위해 낙하산을 접어 준 사람이었는지? 지지해주고 기도해준 사람이었는지? 물심양면으로 도움을 준 사람이었는지? 생각나고 떠오르면 행복한 사람이다. 정말 고마운 사람이다.

지금 내가 여기 있는 것은 누군가 남몰래 낙하산을 접어주었기 때문이다. 그러니 고마울 수밖에 없다. 우리도 이제 누군가를 위해 열심히 낙하산을 접어주는 사람이 되면 어떨까. 우리 모두 낙하산을 접어주는 사람이 되자. 예수님이 나를 위해서 그렇게 사셨다. 십자가라는 낙하산 말이다. 그 덕분에 살아 영생을 누리고 있다.

57
낙타의 후회

사소한 일에 목숨을 거는 편인가?

"칭찬하고 또 칭찬하라." 에이브러햄 링컨은, 사람들은 누구나 칭찬받는 것을 좋아한다고 했다. 미국 심리학자이자 철학자인 윌리엄 제임스는 인간 내면 깊은 곳에서 다른 사람의 인정을 갈망한다고 말했다. 미국 유명 사업가 록펠러는 성공의 비결로 칭찬을 꼽았다. 누구에게나 장점은 있다. 상대방의 장점을 찾아 칭찬하도록 노력해야 한다. 미소가 무기다. 캘리포니아 대학의 심리학 교수인 제임스 마이클은 미소는 사람들을 매료시키는 최고의 무기라고 했다. 봄과 바꿀 수 없는 것이 거울 속에 빛나는 따뜻한 미소다.

자신이 잘하는 일을 찾아서 꾸준히 일에 집중하면 성공한다. 빌 게이츠는 성공이란 인생의 태도에 있다고 했다. 독일의 대문호 괴테는 모든 사람은 성공하려고만 할 뿐, 성장하려고 하지 않는다고 한탄하였다. 자신감은 성공의 원동력이다. 자신감 없이 성공한 사람은 없다. 자기 비하나 열등감은 파괴력이 크다. 미국 시인 에머슨은 자신을 존중해야 존중받을 수 있다고 하였다. 마리 퀴리는 꾸준함과 자신감이 있어야 성공한다고 하였다. 살면서 필요한 강인함, 진취성, 용기, 인내, 성실, 꾸준함은 모두 자신감에서 비롯된다.

큰 성공을 이룬 사람들은 모두 자신의 능력을 확신한다. 자신을 믿어야 성공한다. 현명한 사람은 내일을 걱정하지 않는다. 가지지 못한 것보다 가진 것을 생각해야 한다. 포맷이란 컴퓨터 저장장치에 있는 자료를 삭제하고 초기화하는 작업이다. 우리는 매일 나쁜 기억을 포맷해야 한다. 나쁜 기억과 생각은 빨리 포맷해야 한다. 어항 속 고기의 기억력은 7초다. 나쁜 기억은 7초면 충분하다. 현명한 사람은 비관을 빨리 낙관으로 바꿀 줄 안다. 좋은 습관은 성공의 열쇠다. 행동은 습관이 되고, 습관은 성격이 되며, 성격은 인생을 좌우한다. 좋은 습관은 성공의 열쇠다. 다 아는 말이다. 하지만 실천하기 쉽지 않다.

노벨상 수십 명에게 기자가 물었다. "성공을 거두는 데 가장 중요한 것을 어디에서 배웠느냐?" 그랬더니 이구동성으로 하는 말이 유치원이라고. 그곳에서 좋은 습관을 배웠다고. 이런 것을 보면 유치원 교육이 가장 중요하다. 조기 교육 말이다. 가정과 학교도 마찬가지다. 영아와 유치원 교육이 가장 중요하다. 셰익스피어는 말했다. 습관은 가장 좋은 하인이 될 수 있고, 가장 나쁜 주인이 될 수도 있다고.

성공한 사람은 모두 책임감이 강하다. 무책임한 사람은 결코 성공할 수 없다. 성공했다고 해도 오래 견디지 못한다. 분노를 잘 다스려야 한다. 러시아의 대문호 톨스토이는 분노가 다른 사람에게 재앙이지만 자신에게도 가장 큰 화를 입힌다고 말했다. 수학자 피타고라스는 분노는 우매함으로부터 시작하여 후회로 끝난다고 하였다.

끝이 보이지 않는 사막에서 낙타 한 마리가 힘들게 앞으로 걸어가고 있었다. 타오르는 불덩이 같은 태양은 땅을 뜨겁게 달구었고, 지친 낙타는 배고픔과 갈증, 더위에 지쳐서 이제는 견딜 수 없었다. 초조하고 불안한 그때, 낙타는 날카로운 도자기 조각 하나를 밟았다. 낙타는 화를 내며 도자기 조각을 발로 걷어찼는데 그 바람에 발에 크고 깊은 상처가 났다. 상처 사이로 피가 흘러나와서 주변의 모래를 모두 빨갛게 만들 정도였다. 낙타는 온 힘을 다해 앞으로 걸어 나갔지만 피가 멈추지 않았기 때문에 금세 힘이 빠지고 말았다. 피비린내를 맡고 날아온 독수리는 하늘 위를 크게 돌면서 낙타가 죽기만을 기다렸다. 낙타는 매우 두려웠으나 고통을 참아가며 묵묵히 앞으로 나아갔다. 마침내 사막의 끝에 도착했을 때 출혈 과다와 피로에 지쳐 그만 땅 위에 쓰러지고 말았다. 죽기 직전, 낙타는 후회하며 말했다. "그 작은 도자기 조각을 그냥 무시했으면 좋았을걸!" 낙타는 도자기 조각에 발을 찔렸기 때문이 아니라 스스로 자신의 분노를 제어하지 못해서 죽은 것이다.

사소한 일에 목숨을 걸거나 너무 예민하게 반응하지 말자. 사소한 일은 말 그대로 사소한 일이다. 사소한 일 앞에 항상 이 어리석은 낙타를 기억하도록 하자. "그 작은 도자기 조각을 무시했으면 좋았을 텐데"라고 후회하며 죽어간 낙타 말이다.

58
또 보자, JFK

그리운 도시가 있는가?

20년 만에 다시 찾은 뉴욕 JFK 공항. 만감이 교차하였다. 벌써 20년이 흘렀다니. 20년 전에는 빈손이었다. 검정 이민 가방 몇 개 들고 들어갔다. 어둡고 캄캄했다. 개척의 길은 멀고도 험했다. 한국서도 힘든데, 왜 하필 이곳 미국을 택했을까. 여호와의 말씀을 좇아. 그렇게 믿음의 모험과 뉴저지에서의 개척의 여정은 쉽지 않았다. 하지만 개척자의 심정을 충분히 느꼈다. 온몸으로 체득하였다. 그렇게 20년 전에는 빈손이었다. 어둡고 캄캄하였다. 하지만 20년이 지난 지금은 전혀 달랐다. 꽉 찼다. 밝고 희망이 넘쳤다. 여유도 있고, 돌아갈 곳도 있다. 그분의 말씀을 좇아 떠난 모험의 여정. 20년이 지나 그분의 넘치는 축복을 받고 다시 찾은 뉴욕 JFK 공항. 착륙과 동시에 눈물이 왈칵 쏟아졌다. 꾹 참았다.

박종윤 목사님(뉴저지 우리사랑의교회 담임)이 마중을 나왔다. 바쁜 이민 생활일 텐데 고마웠다. 차를 타고 큰 처남댁인 펜실베이니아 야들리까지 달렸다. 2시간이 걸렸다. 이틀 후 장모님의 장례가 있었다. 외동딸인 아내에게 장모님은 어머니인 동시에 친구이자 기도의 동역자였다. 아내는 가장 친한 친구를 잃은 것이다. 아내가 추모사를 하면서 얼마나 많이 우는지. 그 눈물의 의미를 잘 알고 있다. 이역만리서 어머니만을 그리워했던 아내가 그동안 참았던 눈물을 쏟아 낸 것이다. 장례식을 마치고 서울로 왔다. 새벽에 박수호 목사님(뉴저지 고엘교회 담임)이 픽업하러 왔다. 포트리로 가는 길에 동이 텄다. 감격스러워 사진을 마구 찍었다. 예전에 수도 없이 달렸던 고속도로다. 많은 추억이 깃든 뉴저지 턴파이크 고속도로. 잠시 후 포트리 감미옥에 도착하였다. 이용걸 목사님이 먼저 도착해 기다리고 있었다. 우리 네 사람은 아침을 먹으며 담소를 나누었다. 쉽지 않은 목회가 이민 목회다. 목회학에서는 특수 목회로 규정한다. 많은 이야기를 공유하였다. 동종 업종에 있는 사람들만이 느낄 수 있는 유대감과 공감대. 어느새 하나가 되었다. 설렁탕이 하나 됨을 더욱 돈독하게 만들었다. 목회 대선배인 이용걸 목사님의 이야기에 모두 공감하였다.

아침 식사를 마치고 우리 세 사람(옥광석 박종윤 박수호)은 근처 한인 커피숍에 들러 담소를 나누며 추억을 더듬었다. 힘들어도 열심히 사는 모습이 보기에 좋았다. 박종윤 목사님이 공항에 바래다주었다. 공항 가는 길에 박 목사님이 개척하여 세운 교회를 방문하였다. 가슴이 뭉클하였다. 이국땅에서의 개척이 얼마나 힘든지를 잘 알기 때문이다. 박 목사님의 피와 땀과 눈물과 헌신이 스며든 예배당 안에 들어갔다. 의자에 앉아 눈을 감았다.

20년 전 힘든 시절이 떠올랐다. 눈물이 왈칵 쏟아진다. 빈손이었는데. 하나님은 20년간 많은 것을 배우게 하시고 채우셨다. 말씀을 좇아 오직 주님만 의지하며 따라나선 길. 기근도, 실패도 경험하였다. 죽음의 위기도 있었다. 다 잃었다. 하지만 주님께서 가장 좋은 길로 인도하셨다. 시카고를 거쳐 서울 동도교회로 인도하셨다. 놀라운 역사다. 누구도 예상치 못한 길로 인도하셨다. 그리고 힘든 시간을 통과하여 지금 여기에 서 있다.

믿음의 항해를 시작한 지 20년! 넘치는 축복을 받았다. 감격뿐이다. 감사의 눈물뿐이다. 포트리에서 JFK 공항으로 가는 길. 연신 사진을 찍었다. 추억을 간직하고 싶어서다. 예전에 얼마나 많이 다녔던 길이던가. 국적기 KAL을 타고 인천공항에 도착하였다. 시차 적응이 되지 않은 상태로 주일 강단을 지켰다. 전날 밤에 한숨도 자지 못했다. 하지만 행복했다. 모든 것이 감사했다. 20년 전과 후가 확연히 달라서 감격했다. 놀라운 하나님의 은혜다. 여호와의 말씀을 좇았더니 이와 같은 축복을 받았다.

앞으로의 20년이 기대된다. 여호와의 인도하심은 언제나 완벽하다. 남은 인생도 그분에게 맡기련다. 말씀만 좇아 살련다. 또 보자 JFK.

나를 기억해 줘. 또 만날 때가 있겠지. 그때도 환한 미소로 반갑게 맞아주렴. 추억이 스며든 도시가 아름답다.

59
EULOGY

사랑하는 이를 잃었는가?

2024년 5월 1월, 미국 뉴저지 섬머셋에 소재한 찬양교회에서 장모, 김효제 권사의 장례예배가 있었다. 아래의 글은 아내가 어머니를 기억하며 쓴 추모사다.

《"엄마랑은 참 친했어요. 엄마는 언니였고 친구였어요. 저의 role model이었어요. 엄마는 참으로 아름답고 우아하고 섬세하고 부드럽고 가정을 사랑하시고 충실하고 신앙과 올바름으로 우리에게 본이 되셨죠. 42세 때 이민 오셔서 본인도 너무 힘들지만 우리를 위해서 온종일 일하고 집에 오면 저녁 준비하고, 엄마의 사랑의 손길은 따뜻했어요. 엄마는 손재주가 많았어요. 일하고 집에 오면 쉴 만도 한데 바느질하시고 할 일들이 많았죠. 음식솜씨는 또 일품이었죠. 우리가 어렸을 때 엄마가 직접 우리 sweaters를 뜨개질해서 입혀 주셨어요. 제가 3학년 때 하루는 초록색의 무늬가 있는 sweater jacket을 뜨개질해서 입혀 주셨어요. 너무 따뜻하고 멋있고 이뻤죠. 엄마의 그때 웃는 모습이 지금도 생각나요. 저도 너무 기분 좋고 자랑스러웠지요. 엄마의 사랑을 입었어요.

엄마는 하나님을 정말 사랑했어요. 기도 생활, 성경 말씀 사랑은 넘쳤어요. 성경은 3번 쓰시고 로마서와 요한계시록을 외우셨어요. 믿음으로 사시고 말씀 기도 교회 봉사가 몸에 뱄어요. 엄마는 가정을 위해서 사랑을 많이 베푸셨어요. 손주들 산후조리도 해주시고 그 덕분에 우리는 푹 쉬고 편했죠. 엄마랑 오손도손 이야기하면서 새벽기도도 같이 다니던 추억이 많아요.

새벽마다 교회 가서 가정을 위해서 기도하는 엄마. 어릴 때 엄마기도 소리 때문에 잠에서 깨던 기억. 자식들을 기다리며 위해서 눈물로 매일 저녁 기도하던 엄마. 정말 기도의 어머니였어요. 엄마하고 사소한 것들이 저에게는 큰 행복이었어요. 특별한 거 안 해도 같이 시간 보내고 이야기하고 쇼핑하고 먹고 웃고. 사랑 넘치는 엄마의 눈빛, 저를 바라보고 미소를 지으신 엄마. 엄마가 저의 어머니란 게 너무 감사하고 그 누구와도 바꾸지 않고 이 세상에서 저에게는 제일 좋은 엄마예요. 항상 우리를 응원하고 지지해 주시고 자랑스러워하시고 격려하시고 도와주셨죠. 본인보다 타인을 더 생각하셨어요. 엄마의 희생에 감사해요.

디모데후서 4장 7-8절에 엄마가 생각나요. "나는 선한 싸움을 싸우고 나의 달려갈 길을 마치고 믿음을 지켰으니 이제 후로는 나를 위하여 의의 면류관이 예비되었으므로 주 곧 의로우신 재판장이 그날에 내게 주실 것이며." 또 마태복음 25장 21절에 주님께서 말씀하세요. "그 주인이 이르되 잘하였도다 착하고 충성된 종아 네가 작은 일에 충성하였으매 내가 많은 것을 네게 맡기리니 네 주인의 즐거움에 참여할지어다."

엄마가 그리스도 형상을 완전하게 본받은 빛난 얼굴로 하나님 아버지께 찬미하고 계실 것을 믿고 엄마를 잠시 추억해 봅니다.》

이후 섬머셋힐 묘지에서 하관 예배가 있었다. 사랑하는 장모님은 그렇게 가셨다. 서울에서 뉴욕으로, 뉴욕에서 달라스로, 달라스에서 시카고로, 시카고에서 뉴저지로 그렇게 이민자로 나그네의 삶을 사시다가 사망의 음침한 골짜기를 통과하여 하나님께서 예수 안에서 예비해 놓으신 푸른 초장, 쉴 만한 물가인 천국으로 입성하셨다.

장모님의 사랑을 잊지 못한다. 오래전 아내를 행복하게 해주겠다고 약속하자 장모님은 결혼을 허락하셨다. 누구보다 예수님과 교회를 사랑하신 장모님, 가족을 위해 희생하신 장모님처럼 나도 그렇게 살아보련다. 장모님 사랑합니다. 천국에서 뵈어요!

60
곤경을 돌이키사

욥 42:7-17

2022.9.11. 주일 설교 전문

오늘 본문 말씀은 욥기 마지막 장이면서 결론 부분입니다. 곤경을 돌이키시는 하나님이 묘사됩니다. 욥이 세 친구와 화해하고 용서하는 감격스러운 장면이 나옵니다. 화해와 용서를 통해 잃은 것보다 갑절의 축복으로 보상받는 욥의 이야기를 다루고 있습니다. 자녀도 재물도 다시 얻게 됩니다. 잃은 것보다 배로 얻게 됩니다. 그렇게 고난 이후에 행복한 노후를 지내다가 백사십의 나이로 생을 마감합니다. 그렇게 고난을 극복한 후에 위로받고 죽습니다. 해피 엔딩으로 끝이 납니다. 얼마나 아름다운 장면인지 모릅니다.

욥은 우리를 향해 마치 이렇게 말하고 있는 것 같습니다. "고통이란 여간 견디기 어려운 것이 아닙니다. 그러나 잘만 활용하면 하나님을 만나는 기막힌 은혜를 얻을 수 있습니다. 잃은 것을 갑절로 받을 기회가 됩니다. 그러니 당신이 역경을 만나더라도 낙심하지 마세요.

나를 보세요. 하나님이 모든 것을 회복해 주시지 않겠습니까? 겨울이 지나면 반드시 새봄이 돌아올 것입니다."

이런 멋진 해피 엔딩, 재기와 반전의 축복이 어떻게 왔을까요? 물론 하나님이 주신 것이지만, 욥이 어떻게 했길래 이런 축복을 받게 되었을까요? 슬픈 결말로 끝날 수도 있는데, 비극으로 끝날 수도 있는데 희극으로 끝났을까요? 무엇이 이런 해피 엔딩의 축복으로 이어지게 했을까요? 그 해답은 신약성경 야고보서에 기록되어 있습니다. "보라 인내하는 자를 우리가 복되다 하나니 너희가 욥의 인내를 들었고 주께서 주신 결말을 보았거니와 주는 가장 자비하시고 긍휼히 여기시는 이시니라"(약 5:11).

욥의 인내가 고난 가운데 점철된 그의 삶을 바꾼 것입니다. 욥이 이해할 수 없는 고난 중에도 좌절하지 않고 믿음으로 참고 인내하였기 때문에 그의 결말이 해피 엔딩이 될 수 있었습니다. 하나님의 축복을 받게 될 수 있었던 것입니다.

성경 어디에도 야고보서 5장 11절을 제외하고 욥에 대한 평가가 나오지 않습니다. 욥의 인내 때문에 고난 중에 있던 욥의 결말이 축복이 될 수 있었던 것이죠. 새드 앤딩이 아니라 해피 엔딩, 비극이 아니라 희극, 곤경이 아니라 축복이 될 수 있었던 것입니다.

어떻게 하면 고난 중에 승리할 수 있을까요? 실패 중에도 재기하고 성공할 수 있을까요? 폭풍 가운데서도 승리할 수 있을까요? 인내입니다. 욥의 인내가 있다면 무엇을 하든, 어디를 가든 성공할 것입니다. 잘될 것입니다. 승리할 것입니다. 그 고난이 무엇이든 극복할 것입니다.

사람들이 왜 실패합니까? 인내가 없기 때문이죠. 왜 포기합니까? 인내가 없기 때문이죠. 왜 좌절하고 자주 실망합니까? 인내가 없기 때문이죠. 왜 사랑하는 관계가 끝까지 가지 못합니까? 인내가 없기 때문이죠. 땀을 흘려 씨를 뿌리고 노력하는데 왜 열매가 없고 추수가 없을까요? 인내가 없기 때문입니다.

인내가 없어 후회하는 분들의 이야기를 종종 듣습니다. 그때 인내가 있었다면, 좀 더 참았더라면 좋았을 텐데, 괜찮았을 텐데. 그렇게 후회하는 이야기를 자주 듣습니다.

목회에 성공하신 어느 목사님이 저에게 그러세요. 40년 단독 목회 하면서 산전수전 공중전, 수중전을 다 겪어 보았다고. 그런데 참으니까 되더라고. 참고 여기까지 오게 되었다고. 그러니 잘 참으라고. 목회는 참는 것이라고. 그런 말씀을 하십니다.

어디 목회뿐이겠습니까? 인생이 참는 것이고, 신앙도 참는 것입니다. 삶의 모든 것이 참는 것이죠. 참아야 뭔가를 성취할 수 있는 것이죠.

가끔 저에게 와서 동도교회 못 다니겠다고, 떠나야 하겠다고 하는 분들이 계십니다. 그렇게 목회 상담을 해오시는 분들이 계십니다. 교역자 중에도 있었습니다. 그럴 때마다 제가 하는 이야기는 단 하나입니다. 참으십시오. 참으세요. 예수님 십자가 생각하면서 참으십시오. 그러면 잘될 겁니다. 하지만 선택은 각자의 몫입니다. 저의 목회 상담을 듣고 떠난 분도 계시고, 떠나지 않은 분도 계십니다. 동도교회만 그렇지 않을 것입니다. 지금까지 목회하면서 이런 분들이 항상 있었습니다.

교회 생활이 힘들어 떠나고 싶어 하는 분들이 있습니다. 교회를 떠나는 것은 자유입니다. 하지만 어느 곳에나 어려움이 있습니다. 옮긴다고, 새로운 장소로 간다고, 그 어려움이 사라지는 것은 아니죠. 잘 참고 견디면 되는 것입니다. 그러면 좋은 열매를 얻게 되는 것입니다. 고난의 십자가를 참으신 예수님을 묵상하고 생각하면 어떤 어려움도 시련도 아픔도 실패도 참을 수 있어요. 견딜 수 있어요. 우리 신앙의 선배와 선진들은 이렇게 고난과 수치를 참으신 예수님을 생각하면서 그 많은 고난과 시련을 참고 인내하였던 것입니다. 그래서 해피 엔딩의 축복을 받았습니다.

요셉도 마찬가지입니다. 고난을 잘 참고 인내했습니다. 그랬더니 해피 엔딩이 되었어요. 하나님의 축복을 받았습니다. 모세도 마찬가지입니다. 40년 고난의 세월을 잘 견디고 참았더니 하나님께서 축복하셨어요. 또 다른 40년 광야목회를 잘 참고 인내하였더니 이스라엘 백성들을 가나안 앞까지 인도할 수 있었습니다. 다윗도, 바울도 모두 마찬가지입니다. 고난의 세월을 믿음으로 잘 참고 견뎠습니다. 그랬더니 하나님의 인도하심과 축복을 받아 결국 해피 엔딩이 될 수 있었습니다.

저의 삶도 마찬가지입니다. 십자가를 참으신 예수님의 인내가 제게 가장 큰 힘이 되었어요. 삶의 원동력과 의지가 되었습니다. 십자가를 참으사 부끄러움을 개의치 아니하신 예수님 의지하여 여기까지 왔습니다. 힘들 때마다 날마다 성경을 읽으면서 십자가를 참으신 예수님을 만나고, 예수님처럼 고난과 부끄러움을 참으려고 노력했습니다. 참을성도, 인내도, 끈기도, 뚝심도, 배짱도 없는 나약한 존재였지만 참는 자에게 복이 있다는 성경 말씀을 붙잡았습니다. 무엇보다 고난의 십자가를 붙잡았습니다.

이렇게 십자가를 참으신 예수님 생각하면서, 예수님을 붙잡고 또한 참는 것이 복이 있다는 하나님의 말씀인, 성경 말씀을 붙잡았습니다. 그랬더니 하나님께서 고난을 참을 수 있도록 도와주시고, 약한 저를 보호하여 여기까지 인도해 주셨어요. 그렇게 쓰러진 나를 하나님께서 세우시고 여기까지 인도하셨어요.

주중에 《천 번의 죽음이 내게 알려준 것들》이란 책을 읽어보았습니다. 호스피스 병동에서 천 번의 죽음을 목격한 여자 의사 김여환이 쓴 책입니다. 그녀의 아버지는 알코올 중독자요, 어머니는 정신분열증 환자입니다. 이런 부모 밑에서 자랐습니다. 결핍과 상처투성이인 어린 시절을 극복하기 위하여 열심히 공부하여 느지막한 나이에 의사가 되었습니다. 호스피스 병동에서 말기 암 환자와 그의 가족들을 돌보는 호스피스 의사가 되었습니다. 그녀가 호스피스 병동에서 경험한 실제 이야기를 담은 책입니다. 죽음 앞에 서 있는 분들의 이야기입니다. 많은 이야기가 나옵니다. 이 책을 읽고, 저도 저의 죽음을 생각해 보았어요. '죽음 앞에서 나는 어떤 마음을 가지게 될까? 어떤 생각을 하게 될까? 어떤 모습으로 내 인생을 마감하게 될까?' 감사한 것은 지금 죽어도 후회가 없다는 결론에 이르렀습니다. 약한 저를 여기까지 인도하신 하나님께 감사했습니다. 저는 2005년 2월에 심장마비로 죽어야 했습니다. 이미 죽은 몸이나 마찬가지입니다. 그런데 하나님께서 살려주셨어요. 그래서 매일의 삶이 보너스요, 은혜라 여기며 살고 있습니다. 무엇보다 고난과 시련을 참고 인내하였기 때문에 오늘이 있는 것이죠.

일본의 호스피스 의사, 오츠 슈이츠가 《말기 암 환자가 하는 25가지 후회》라는 책을 썼습니다. 말기 암 환자가 하는 25가지 후회는 다음과 같습니다. "사랑하는 사람에게 고맙다는 말을 많이 했더라면, 진짜 하고 싶은 일을 했더라면, 조금만 더 겸손했더라면, 친절을 베풀었더라면, 나쁜 짓을 하지 않았더라면, 꿈을 꾸고 그 꿈을 이루려고 노력했더라면, 감정에 휘둘리지 않았더라면, 만나고 싶은 사람을 만났더라면, 기억에 남는 연애를 했더라면, 죽도록 일만 하지 않았더라면, 가고 싶은 곳으로 여행을 떠났더라면, 내가 살아온 증거를 남겨두었더라면, 삶과 죽음의 의미를 진지하게 생각했더라면, 고향을 찾아가 보았더라면, 맛있는 음식을 많이 맛보았더라면, 결혼했더라면, 자식이 있었더라면, 자식을 혼인시켰더라면, 유산을 미리 염두에 두었더라면, 내 장례식을 생각했더라면, 건강을 소중히 여겼더라면, 좀 더 일찍 담배를 끊었더라면, 건강할 때 마지막 의사를 밝혔더라면, 치료의 의미를 진지하게 생각했더라면, 신의 가르침을 알았더라면."

하지만 이 25가지 후회가 저에게는 하나도 해당되지 않았습니다. 후회할 것이 하나도 없어요. 예수님을 만났기 때문에 후회할 것이 하나도 없어요. 이것 때문에 하나님께 참 감사했습니다. 지금 죽어도 여한이 없고, 후회가 없습니다. 하나님께 감사할 것밖에 없습니다. 죽어가는 자를 살려 주시고, 실패자를 세워 높여주시고, 수렁에서 건져주신 하나님께 늘 감사할 뿐입니다. 무엇보다 나 같은 죄인을 구원하기 위하여 독생자 예수 그리스도를 십자가에 대신 내어 주기까지 나를 사랑해 주신 놀라운 하나님의 은혜와 사랑을 생각하면 늘 감사한 것밖에 없어요.

어느 해, 목회 실패 이후에 초라하고 낡고 좁고 냄새나는 사무실에서 하나님께 기도했습니다. 꿈꾸며 기도했습니다. 단독 목회할 기회를 달라고. 그랬더니 하나님께서 그 기도를 들어주셨어요. 이것만 생각하면 얼마나 감사한지. 실패한 저를 하나님께서 세워주시고 사용하신 것이죠. 어느 해 1년간 매일 새벽 집 근처 교회 예배당 바닥에 무릎 꿇고 앉아 기도하던 저를 이 강대상으로 인도하여 설교자로 세워주셨어요. 이것이 날마다 감사입니다. 그래서 강단에 올라와 설교하기 전마다 앉아서 늘 이런 기도를 드립니다. "하나님, 오늘도 자격 없는 자를 설교자로 세워주셔서 감사합니다." 믿음으로 잘 참았으니까, 이런 축복과 은혜를 누리게 된 것 아니겠어요.

교회 사역도 마찬가지입니다. 지금까지 목회 생활, 특별히 13년간의 동도교회 담임 목회로, 교회 대표로 또 천마산 기도원 원장으로 섬기면서 잘 참았기에 여기까지 오게 된 것이죠. 힘든 시간을 참지 못했다면 오늘이 없었을 것입니다. 결혼생활, 자녀 양육도 마찬가지입니다. 모든 관계도 마찬가지입니다. 예수님의 십자가 생각하면서 잘 참고, 부끄러움도 상관치 않으신 예수님을 생각하면서 잘 참았기에 오늘 이 자리에 있는 것이 아닐까요? 성경은 말씀합니다. "또 형제들아 너희를 권면하노니 게으른 자들을 권계하며 마음이 약한 자들을 격려하고 힘이 없는 자들을 붙들어 주며 모든 사람에게 오래 참으라 삼가 누가 누구에게든지 악으로 악을 갚지 말게 하고 서로 대하든지 모든 사람을 대하든지 항상 선을 따르라"(살전 5:14-15).

십자가를 지신 예수님에게 인내를 배웠습니다. 참을성을 배웠습니다. 끈기를 배우고, 뚝심을 배웠습니다. 참아야 부활의 영광이 있다는 진리를 배웠습니다. 그렇게 예수님의 십자가에서 참을성과 인내를 배웠습니다. 참는 것이 인생의 추수와 열매에 가장 소중한 성품인 것을 배웠습니다. 그래서 성경은 참는 자가 복이 있다고 말씀하는 것이죠. 태생적으로 약하게 태어난 저 자신이 예수님께 이런 인내를 배우지 못했다면 어떻게 되었을까요?

　실화 바탕의 원작 소설 〈신분장〉을 영화로 본 적이 있습니다. 출소한 야쿠자 주인공 미카미가 사회에 적응해 나가는 것을 다룬 실화입니다. 주인공은 욱하는 성격이 있습니다. 잘 참지 못합니다. 사생아였어요. 어머니는 게이샤였습니다. 4살부터 고아원에서 외롭게 자랍니다. 청소년 때 방황합니다. 그러다가 야쿠자가 되었습니다. 그래서 폭력을 행사합니다. 어느 날은 자기를 방어하다가 사람을 죽입니다. 13년의 형을 받습니다. 그렇게 총 28년을 감옥에서 지냅니다. 살인죄를 포함하여 총 6번 붙잡혀 갔습니다. 그랬던 그가 출소하여 한번 잘살아 보겠다고 굳은 마음을 먹고 사회생활을 시작합니다. 누구보다 자신을 버린 어머니를 찾고 싶습니다. 그런데 힘이 듭니다. 사회가 받아주지 않습니다. 멸시, 천대, 무시가 있습니다. 무엇보다 참지 못하는 성격 때문에 일용직을 하다가 자주 쫓겨납니다.

　그를 불쌍히 여긴 지인과 친구들이 어느 날, 어렵게 요양원 청소부로 취직한 그를 축하하는 저녁 식사 자리에서 간곡히 부탁합니다. "직장 생활하다가 화가 나고 스트레스가 날 때도 참으세요. 참아야 합니다. 직장 생활 힘듭니다. 화가 나고 스트레스 날 때 우리를 생각하면서 참으세요. 화가 나고 스트레스가 날 때 한 번 크게 숨을 쉬세요. 몇 번이라도 숨을 크게 쉬세요." 그렇게 참지 못하던 그가 이들의 사랑과 따뜻한 격려와 조언을 받고, 잘 참고 인내하면서 직장 생활을 극복해 나갑니다.

교부 터툴리안은 말합니다. "신앙이란 불을 켜놓고 기다리는 것이다. 참는 것은 여자를 아름답게 하고, 남자를 가치 있게 만든다. 소년의 인내는 사랑을 받고, 청년의 인내는 칭찬을 받고, 노년의 인내는 존경을 받는다."

어느 날 장자가 공자에게 질문을 합니다. "선생님, 몸을 닦는 핵심 원리를 한마디로 말씀해 주십시오." 이에 공자는 말합니다. "백 가지 모든 행동에 참는 것이 제일이다. 왕이 참으면 국가가 편할 것이요, 제후가 참으면 지경이 넓어질 것이며, 관리가 참으면 지위가 높아질 것이요, 형제간에 참으면 그 집이 부귀를 누릴 것이요, 부부가 참으면 일생 해로할 것이요, 친구가 참으면 우정을 유지할 것이요, 자신이 참으면 후회가 없을 것이다. 이처럼 모든 행실의 근본과 으뜸은 참는 것이다."

카네기는 말합니다. "승부 내기는 인내의 두 글자가 제일이다. 조급하면 눈이 흐려지고 화를 내면 눈이 보이지 않는다. 참고 기다리는 중에 기회가 온다. 인내는 믿음의 보호자, 화평의 유지자, 사랑의 육성자, 겸손을 가르치는 교사, 승리의 저력이다."

세익스피어는 말합니다. "재앙이 와서 견디기 어려울 때는 참고 또 참으라. 그러면 그것이 전환하여 도리어 유익이 되리라."

제자훈련을 하다가 만난 어느 형제가 이런 간증을 합니다. "목사님, 저 올해 성경 20독 했습니다. 죄송한 말씀입니다만 화장실 갈 때도 성경을 가지고 가서 읽었습니다. 직장에 가서 쉬는 시간에 틈만나면 성경을 읽었습니다. 밤새 비디오만 보던 제가 성경 읽으면서 은 혜를 받았습니다. 성경 읽다 보니 인내 없이는 읽을 수 없는 책인 것을 알게 되었습니다. 처음에는 읽기 힘들었습니다. 무슨 말인지 몰랐습니다. 하지만 참고 인내하면서 읽어보았습니다. 그렇게 인내하면서 읽다 보니 성경은 인내의 책인 것을 알게 되었습니다. 그리고 너무 재미있어서 올해는 20독을 하였습니다. 덕분에 인내의 소중함도 알게 되었습니다. 그렇게 잘 참고 인내하다 보니까 사업도 잘되고, 가정생활도 잘 되었습니다."

이야기 하나 하고 설교를 마칩니다. 한 소년이 있었습니다. 소년의 아버지는 너무 강했습니다. 그분은 가난도 독학도 수모와 수치도 외로움도 잘 참고 견뎠습니다. 교회를 개척하여 성공하였습니다. 그런데 그 아들이 마음에 들지 않았습니다. 무엇보다 너무 약해 보였습니다. 산도 싫어하고, 어려운 것보다 편한 것을 좋아합니다. 뚝심도 없고 인내도 없습니다. 아버지는 그런 아들을 자주 야단쳤습니다. 인내가 없어서 어떻게 하겠냐고. 그렇게 참지 못해서 어떻게 하겠냐고. 아버지는 아들을 데리고 등산하러, 기도하러 자주 산으로 데리고 갔습니다. 아들은 너무 싫었습니다. 아버지의 뒤를 따라 험한 산을 따라가는 것이 너무 싫고 힘들었습니다. 아버지는 자주 밤을 새우며 깊은 산에서 기도하였습니다. 아들은 무섭고 또 따분하고 지루했습니다. 속히 집으로 가고 싶었습니다.

그런데 그 아들이 달라졌습니다. 예수 믿고 나더니 달라졌습니다.

잘 참지 못하던 약한 아들이 잘 참고 견뎠습니다. 인내력과 참을성이 점점 좋아졌습니다. 실패하여 재기할 줄 몰랐는데 재기하였습니다. 쓰러진 자리에서 다시 일어섰습니다. 수치와 수모도 잘 견뎠습니다. 이제는 자기도 산을 좋아한다고. 그 아버지가 너무 신기하고 놀라워서 물었습니다. 언제부터 그렇게 잘 참게 되었냐고. 아들이 말합니다. "십자가를 참으신 예수님 때문에 그렇게 된 것 같다고. 성경을 날마다 읽고 날마다 십자가의 예수님을 묵상하다 보니까 그렇게 된 것 같다고." 훗날 소년은 장성하여 목사가 되었습니다. 지금은 서울 동대문구 제기동에 있는 동도교회 대표가 되었습니다. 담임 목사가 되었습니다. 천마산기도원 원장이 되었습니다. 노회장까지 되었습니다. 저의 부끄러운 신앙 성장의 고백이자 간증입니다.

십자가를 참으신 예수님 생각하면서, 고난을 믿음으로 잘 참은 욥을 생각하면서 고난과 역경 속에서도 신앙과 삶을 해피 엔딩으로 만들어 가는 욥과 같은 인내의 사람 다 되기를 축원합니다.

에필로그

생각을 정리하지 못했다면
혼란스러웠을 것이다

　글을 쓰는 작업은 언제나 힘겹다. 여덟 번째 도서다. 힘겨운 코로나를 통과한 나 자신이 대단해 보인다. 빗발치는 코로나의 총알을 피하면서 살아오느라 지칠 대로 지쳤다. 다행히 3개월 안식월을 가지게 되었다. 그렇지 않았다면 글쓰기는 힘들었을 것이다. 지친 심신을 달래느라 책 만드는 작업은 엄두도 못 냈을 것이다. 충성 없는 전쟁을 치렀다. 삶은 전쟁과 같다. 목회 전선도 마찬가지다. 24시간 신경을 곤두세우는 작업이다. 그러니 목회 현장에서는 제대로 쉴 수 없다. 언제 무슨 일이 터질지 모르기 때문이다. 항상 24시간 대기조다. 제대로 잠을 잘 수 없다. 그렇게 삶은 치열하다.

　목회 현장도 그렇다. 힘겹게 살아가는 교인들의 이야기를 날마다 듣고 살아야 한다. 출동 대기를 하면서 말이다. 좋은 소식보다 슬픈 소식이 많다. 인생이 그렇다. 수고와 슬픔뿐이니 말이다. 그렇게 힘겨운 가운데서도 매 주일 설교를 통해 생각을 정리하였다. 매 주일 칼럼을 통해 생각을 정리하였다. 생각을 정리하지 못했다면 혼란스러웠을 것이다. 전선이 엉겨 붙은 그것처럼 말이다. 그렇게 삶은 꼬여갔을 것이다. 하지만 글쓰기가 나를 살렸다. 매 주일 설교 한 편과 칼럼 한 편이 나를 살렸다. 막힌 곳을 뚫어 하늘을 보게 하였다. 그렇게 차곡차곡 모아둔 칼럼을 다시 모아서 책으로 편찬하였다. 몇 편의 설교 전문도 어울리는 주제에 실어 담았다. 독자들에게 조금이나마 도움이 되었으면 한다. 마음의 안식처가 되었으면 한다. 그 바람 하나뿐이다.

모든 영광을 하나님께 올려 드린다. 아홉 번째 도서를 위해서도 다시 힘을 내려고 한다. 내 생애 마지막까지 글을 쓰면서 가련다. 3개월 동안 재충전하면 또 많은 글감과 소재들이 쌓이지 않을까 싶다. 작은 나를 여전히 사용하시는 하나님께 감사드린다. 앞으로의 남은 인생을 그분께서 가장 좋은 길로, 가장 완전한 길로 인도하실 줄 믿는다. 아내(김은희 사모)와 세 자녀(리브가 성국 성우)에게 감사를 전한다. 무엇보다 도서가 출판되도록 도와주신 도서출판 첨탑 설규식 장로님과 재정을 지원해주신 전 칼빈대학교 총장이셨던 최광욱 장로님(김양숙 권사님) 내외께도 감사드린다. 매 주일 칼럼의 지면을 허락해주신 합동해럴드 구인본 대표님께도 감사드린다. 무엇보다 부족한 사람의 설교를 주일마다 경청해주신 동도교회 교우들과 협력을 아끼지 않는 동도교회 당회원들에게도 깊은 감사를 드린다. 그리고 추천사를 써

주신 선, 후배 목사님들에게도 감사드린다.

 이 책을 읽는 모든 분이 행복했으면 좋겠다. 예수 안에서 늘 평안과 안식을 누리소서. 레푸기움. 영원한 안식처요 피난처다. 그분이 주시는 안식과 평안 때문에 여기까지 오게 되었다. 감격스럽다. 작가로서의 또 다른 삶이 펼쳐지고 있다는 것이 말이다. 그분의 도움이 아니었다면 나는 이미 멸종하고 말았을 것이다. 나의 영원한 레푸기움이 되어 주셨던 그분께 그저 고맙고 감사할 뿐이다. 생각나면 기도를 부탁드린다. 모두 행복하소서. 예수 레푸기움이여, 영원하라!

2024년 6월 25일
이른 새벽 서재에서
옥 광 석

참고도서

01 강준민의 『리더의 고독』
02 게리 켈러, 제이 파파산의 『원씽 THE ONE THING』
03 김상현의 『당신은 결국 해내는 사람』
04 김성곤의 『리더의 옥편』
05 김성근의 『인생은 순간이다』
06 김세윤의 『주기도문 강해』
07 김여한의 『천 번의 죽음이 내게 알려준 것들』
08 김형석의 『백년의 독서』
09 김혜남의 『생각이 너무 많은 어른들을 위한 심리학』
10 나카지마 다카시의 『리더의 그릇』
11 니시나카 쓰토무의 『운을 읽는 변호사』
12 류시화의 『내가 생각한 인생이 아니야』
13 배연국의 『거인의 어깨를 빌려라』
14 브로니 웨어의 『내가 원하는 삶을 살았더라면』
15 송길영의 『그냥 하지 말라』
16 쑤쑤의 『멈추어야 할 때 나아가야 할 때 돌아봐야 할 때』
17 씨 에스 루이스의 『순전한 기독교』
18 양명수의 『욥이 말하다』
19 여곤의 『신음어』
20 오츠 슈이치의 『죽을 때 후회하는 25가지』
21 이근후의 『죽을 때까지 재미있게 살고 싶다』
22 이기주의 『글의 품격』

23 이승욱의 『상처 떠 보내기』

24 이춘복이 지은 『쉬운 목회』

25 임현수의 『내가 누구를 두려워하리요』

26 장명희의 『문학의 숲을 거닐다』

27 장영재의 『필사의 힘』

28 장이츠의 『하버드 인생 특강』

29 제럴드 L. 싯처의 『하나님 앞에서 울다』

30 지나영의 『마음이 흐르는 대로』

31 필립 얀시의 『하나님께 실망했습니다』

32 하루야마 시게오의 『대뇌혁명』

33 한재욱의 『인문학을 하나님께』

34 한재욱의 『인문학을 하나님께 2』

35 황성주의 『감사의 기적』

레푸기움을 찾아서

초판 1쇄 2024. 9. 10.

지은이 / 옥광석
펴낸이 / 설규식
펴낸곳 / 도서출판 첨탑
주소 / 서울시 노원구 마들로1길 44 101-204
전화 / 02)313-1781 **팩스** / 0504)494-6407
이메일 / ctp781@daum.net
등록 / 제10-2171호 (2001. 6. 19)
책번호 / 103

파본은 교환해 드립니다.
이 출판물은 저작권법으로 보호받는 저작물이므로 무단전재나 무단복제를 할 수 없습니다.

ISBN 978 89-89759-03-4 03230

*책값은 뒤표지에 있습니다.